AF283801

La igualdad entre hombres y mujeres en la negociación colectiva: planes de igualdad. SSCG050PO

Aránzazu Rodríguez Jover

ic editorial

La igualdad entre hombres y mujeres en la negociación colectiva: planes de igualdad. SSCG050PO
© Aránzazu Rodríguez Jover

1ª Edición

© IC Editorial, 2025

Editado por: IC Editorial
c/ Cueva de Viera, 2, Local 3
Centro Negocios CADI
29200 Antequera (Málaga)
Teléfono: 952 70 60 04
Fax: 952 84 55 03
Correo electrónico: iceditorial@iceditorial.com
Internet: www.iceditorial.com

ISBN: 978-84-1184-629-5
Depósito Legal: MA 338-2025

Impresión: PODiPrint
Impreso en Andalucía – España

Nota de la editorial: IC Editorial pertenece a Innovación y Cualificación S. L.

Especialidad formativa

Se entiende por especialidad formativa la agrupación de contenidos, competencias profesionales y especificaciones técnicas que responde a un conjunto de actividades de trabajo enmarcadas en una fase del proceso de producción y con funciones afines.

Las especialidades formativas de Uso General, Formación Complementaria, Formación Modular y las especialidades formativas dirigidas a la obtención de certificados de profesionalidad se incluyen en el Fichero de Especialidades del Servicio Público de Empleo Estatal para su gestión en todo el territorio nacional por cualquier Administración competente.

Las especialidades complementarias, pertenecen todas a la Familia profesional de Formación Complementaria (FCO) y tienen la consideración de formación transversal en áreas que se consideran prioritarias tanto en el marco de la Estrategia Europea para el Empleo y del Sistema Nacional de Empleo como en las directrices establecidas por la Unión Europea. Se consideran áreas prioritarias las relativas a tecnologías de la información y la comunicación, la prevención de riesgos laborales, la sensibilización en medio ambiente, la promoción de la igualdad, la orientación profesional y aquellas otras que se establezcan por la Administración competente.

Las especialidades de Certificado de profesionalidad tienen una duración especificada en su normativa reguladora.

En el resultado de la búsqueda, se muestran las unidades de competencia, todos los módulos formativos con su duración y las unidades formativas del certificado correspondiente, con su duración. Las horas del certificado, exclusivo de las especialidades de certificado de profesionalidad, con alta igual o superior a 2008, son las horas totales más las horas del módulo de Prácticas Profesionales no Laborales.

- ⮕ **Si la especialidad tiene unidades formativas,** las horas totales, presencial, distancia, teleformación serán igual a la suma de esas horas de las unidades formativas de los distintos módulos, sin que se repita ninguna Unidad formativa.

⊃ **Si la especialidad no tiene unidades formativas,** las horas totales, presencial, distancia, teleformación serán igual a las sumas de esas horas de los módulos formativos, eliminando las horas de los módulos repetidos.

https://sede.sepe.gob.es/especialidadesformativas/RXBuscadorEFRED/BusquedaEspecialidades.do

(Fuente: Servicio Público de Empleo Estatal)

Índice

OBJETIVOS GENERALES

Los objetivos generales del **SCG050PO. La igualdad entre hombres y mujeres en la negociación colectiva: planes de igualdad,** son los siguientes:

- Adquirir conocimientos referentes a la negociación y aplicación de planes de igualdad.
- Conocer todos los aspectos referentes a la igualdad de oportunidades entre mujeres y hombres en España en el ámbito laboral.
- Valorar la importancia que tiene la negociación colectiva para establecer un proceso de diálogo que articule acuerdos colectivos en los que se fomente el compromiso de las partes en pro de la equidad.
- Conocer todas las fases que existen en el diseño e implementación de un plan de igualdad de oportunidades entre mujeres y hombres en España en el ámbito laboral.

La igualdad de oportunidades entre mujeres y hombres en España en el ámbito laboral

Contenido

Objetivos

El objetivo general de esta Unidad de Aprendizaje es:

→ Conocer todos los aspectos referentes a la igualdad de oportunidades entre mujeres y hombres en España en el ámbito laboral.

Los objetivos específicos de esta Unidad de Aprendizaje son:

→ Identificar los diferentes principios que establece la LOIEMH.

→ Identificar actuaciones tendentes a eliminar la brecha salarial entre mujeres y hombres.

→ Enumerar los múltiples beneficios que conlleva la igualdad de género para las empresas.

→ Identificar cómo los empleadores pueden abordar la igualdad de género en el lugar de trabajo.

→ Conocer las diferentes vías que pueden utilizar las personas trabajadoras para conseguir la igualdad de género.

1. Introducción

La igualdad de oportunidades entre mujeres y hombres en el ámbito laboral en España ha sido uno de los focos centrales de discusión y desarrollo en la búsqueda de una sociedad más justa y equitativa. A medida que la conciencia sobre las inequidades de género ha crecido, se ha incrementado también la presión sobre Gobiernos, organizaciones y empleadores para que adopten medidas que aseguren que tanto hombres como mujeres puedan participar y prosperar equitativamente en el mercado laboral.

Durante el desarrollo de esta unidad nos centraremos en una de las herramientas clave para abordar este desafío: la Ley Orgánica para la Igualdad Efectiva de Mujeres y Hombres (LOIEMH), una legislación crucial encaminada a eliminar las barreras de género que persisten en los lugares de trabajo. A través de esta unidad de aprendizaje, se profundiza en los principios y objetivos de esta ley, examinando cómo y por qué fue creada, así como su impacto y aplicación en el entorno laboral actual.

Para ello, nos centraremos en el caso de Isabel, liberada sindical responsable del Departamento de Igualdad de Género en el sindicato al cual representa. Entre otras funciones, se encarga de elaborar materiales divulgativos sobre la igualdad de oportunidades entre mujeres y hombres para la población en general, así como para los delegados sindicales afiliados al sindicato.

2. Análisis de la LOIEMH

☞ HILO CONDUCTOR

Isabel tiene que informar sobre diversos aspectos regulados en la LOIEMH para captar la atención del alumnado antes de proceder a analizar la ley. Por ello, en la actividad formativa que está realizando analiza aspectos relacionados con los objetivos, los principios fundamentales o el alcance de la norma.

- -

La **Ley Orgánica 3/2007, de 22 de marzo, para la igualdad efectiva de mujeres y hombres (LOIEMH)** representa un hito trascendental en el marco normativo español en la búsqueda de la paridad de género dentro del ámbito laboral. A través de esta ley se busca corregir desigualdades arraigadas y garantizar una igualdad real entre hombres y mujeres en diversos ámbitos, con especial énfasis en el laboral. A continuación, se analizarán los principales puntos de la LOIEMH, su aplicación práctica y su impacto en la negociación colectiva y los planes de igualdad.

 PARA SABER MÁS

Puedes conocer la Ley Orgánica 3/2007, de 22 de marzo, para la igualdad efectiva de mujeres y hombres (LOIEMH) accediendo desde aquí:

https://redirectoronline.com/sscg050po0101

2.1. Objetivos de la LOIEMH

Esta normativa sostiene que la igualdad de oportunidades entre mujeres y hombres constituye un principio básico, que se debe concretar a través de acciones específicas en la política laboral y empresarial. Persigue luchar contra la ceguera de género o neutralidad de género.

 **DEFINICIÓN**

Ceguera de género o neutralidad de género
La ONU, en su documento "Glosario de conceptos clave sobre igualdad de género y constitución", dice lo siguiente: La ceguera de género consiste en asumir o en creer que la igualdad entre hombres y mujeres se puede conseguir dándoles el mismo tratamiento, sin tener en consideración la evidencia de que las mujeres se encuentran en una situación de discriminación estructural, que se refleja en que, en comparación con los hombres, tienen mucho menos poder económico,

Continúa en página siguiente >>

<< Viene de página anterior

político, social y simbólico, menos acceso a oportunidades y recursos, y están expuestas a situaciones de violencia por el solo hecho de ser mujeres. En esas circunstancias, el tratamiento neutral al género o la ceguera de género, en lugar de asegurar la igualdad de oportunidades entre hombres y mujeres, refuerza dichas desigualdades e impide hacer transformaciones estructurales que son necesarias para lograr la igualdad sustantiva (o real) entre hombres y mujeres.

Para incidir sobre la ceguera o neutralidad de género se realizan intervenciones fundamentadas en la equidad.

 DEFINICIÓN

Equidad
La equidad significa tratar de manera diferente en situaciones específicas para alcanzar la igualdad.

EQUALITY   EQUITY

Diferencia entre un trato igualitario y un trato basado en la equidad

Por todo ello, se considera imprescindible implementar un conjunto de medidas de discriminación inversa o positiva, que se denominan **acciones positivas,** para evitar en el receptor del mensaje una connotación negativa.

 **DEFINICIÓN**

Acción positiva

La LOIEMH establece, en su artículo 11, que son medidas específicas adoptadas en favor de las mujeres para corregir situaciones de desigualdad de hecho respecto de los hombres, que son aplicables mientras subsistan dichas situaciones y que habrán de ser razonables y proporcionadas en relación con el objetivo perseguido en cada caso.

- -

Estas medidas se caracterizan por cumplir unos determinados requisitos:

- **Responder frente a una situación de discriminación preexistente:** la acción positiva está destinada a favorecer a colectivos que se encuentren en una situación de desventaja y responden a aspectos concretos en los que se materializa esa diferencia: empleo, acceso a educación...
- **Contribuir a la igualdad de oportunidades:** las medidas de acción positiva persiguen promover la igualdad efectiva, por lo que se tiende a no implementar medidas proteccionistas que perpetúen aspectos relacionados con la discriminación.
- **Ser adecuadas a su finalidad:** se evalúa el grado de eficacia, éxito y beneficio asociado a la medida implementada.
- **Ser proporcionales:** consiste en no realizar un uso indiscriminado de estas, para evitar una ventaja indiscriminada para las personas beneficiarias de ella que atente, por ejemplo, contra aspectos como el principio de mérito en situaciones de promoción laboral.
- **Ser temporales:** las medidas se implementarán mientras exista la situación de discriminación.
- **Clasificarse en equiparadoras, promocionales y transformadoras:** las medidas de acción positiva persiguen contrarrestar o corregir las discriminaciones causadas por las particularidades de la sociedad en la que vivimos. En función del objetivo que persiguen, se clasifican en:

  - **Acciones positivas equiparadoras:** son aquellas que tienen por objetivo compensar a las mujeres por las barreras y obstáculos provocados por la desigualdad por razón de sexo. Entre estas medidas se encuentra el sistema de cuotas y las penalizaciones o bonificaciones para la contratación de mujeres.
  - **Acciones positivas promocionales:** son aquellas que tienen por objetivo contrarrestar la imagen negativa que existe sobre las mujeres. Entre estas se encuentran los premios e investigaciones destinados

a mujeres, como por ejemplo los Premios L´Oréal-Unesco de Mujeres en la Ciencia.

◑ **Acciones positivas transformadoras:** son aquellas que persiguen incidir en las estructuras que causan las desigualdades, con el objetivo de eliminarlas, cambiando el sistema educativo, los roles, los estereotipos, las prácticas discriminatorias, etc.

Un ejemplo de ello son los programas de coeducación que se realizan en las diferentes etapas del sistema educativo, inclusive en la formación para el empleo.

NOTA

Las medidas de acción positiva están presentes en la lucha contra cualquier tipo de discriminación, por lo que se implementan cuando se intenta favorecer la inserción sociolaboral de diversos colectivos: personas con problemas de salud mental, inmigrantes, personas con discapacidad...

APLICACIÓN PRÁCTICA

María está realizando una formación destinada a sindicalistas que tiene por objetivo formar en medidas de acción positiva para fomentar su inclusión en la negociación colectiva y en diversos protocolos de recursos humanos de las empresas en las que trabajan. Indica cuál de las siguientes medidas indicadas no contribuye a eliminar la discriminación por razón de sexo por fomentar los estereotipos y roles existentes.

- **Incorporar una cuota de género en las elecciones sindicales que se realicen en la empresa.**
- **Establecer medidas de conciliación familiar destinadas exclusivamente a mujeres.**
- **Realizar medidas que tiendan a fomentar la contratación de mujeres en los sectores profesionales en las que están infrarrepresentadas.**
- **Todas son consideradas medidas de acción positiva**.

Continúa en página siguiente >>

<< Viene de página anterior

Solución

Establecer medidas de conciliación familiar destinadas exclusivamente a mujeres. La medida indicada se considera una medida proteccionista que, bajo la apariencia de una medida de acción positiva, perpetúa estereotipos y roles asignados a las mujeres: cuidar de los hijos, familiares... Por ejemplo, que su trabajo está en casa mientras, que el de los hombres está fuera, y que la mujer trabaja para ayudar económicamente, pero no porque tenga un rol productivo.

- -

En el ámbito de la igualdad de oportunidades entre las mujeres y los hombres, las medidas de acción positiva persiguen, por tanto, tal y como establece en su artículo 1 la LOIEMH, eliminar la discriminación de la mujer, sea cual fuere su circunstancia o condición, en cualesquiera de los ámbitos de la vida, singularmente en las esferas política, civil, laboral, económica, social y cultural, para alcanzar una sociedad más democrática, justa y solidaria.

La LOIEMH considera que para eliminar la discriminación es necesario realizar actuaciones que:

Promuevan la igualdad de trato y oportunidades	Eliminen la discriminación directa e indirecta
- Uno de los objetivos centrales de la LOIEMH es asegurar la igualdad de trato y oportunidades entre mujeres y hombres. Este objetivo se desglosa en varias acciones, destinadas a erradicar la discriminación laboral, establecer medidas efectivas para garantizar la igualdad salarial y fomentar el acceso equitativo a todos los niveles y tipos de empleo. Por ejemplo, las disposiciones de la LOIEMH instan a las empresas a revisar y renovar sus políticas internas, para asegurar que no existan prácticas discriminatorias en los procesos de contratación, promoción o retribución.	- La LOIEMH entiende que la discriminación de género puede manifestarse: de manera directa, como en el caso de salarios desiguales por trabajos de igual valor; o de manera indirecta, tal como ocurre con las limitaciones al acceso a ciertos empleos o roles. La ley busca eliminar ambas formas de discriminación mediante la adopción de medidas correctivas que abarquen la revisión legal, la educación y el cambio cultural. Por ejemplo, al establecer indicadores y criterios objetivos para los procesos de selección y promoción en el ámbito laboral, se busca asegurar que las mujeres tengan las mismas oportunidades que los hombres.

SABÍAS QUE...

La discriminación puede manifestarse de manera directa (la persona es tratada de forma diferente por su sexo) o indirecta (situación que ocasiona una disposición, criterio o práctica aparentemente neutra que pone en desventaja a personas de un sexo con respecto a otro salvo que puedan justificarse objetivamente según una finalidad legítima).

APLICACIÓN PRÁCTICA

María trabaja en una empresa y está pensando en quedarse embarazada. María teme que cuando en la empresa se enteren de su maternidad tomen algún tipo de represalias. Indica cuál de las siguientes medidas de discriminación por razón de sexo que le puede plantear la empresa se consideraría como discriminación indirecta en el trabajo.

- **Despido por embarazo.**
- **Preguntas sobre la intención de formar una familia en un proceso de selección o promoción.**
- **Establecer una jornada a tiempo parcial sin que sea solicitado por la mujer trabajadora.**
- **Todas son consideradas medidas de discriminación directa.**

Solución

Establecer una jornada a tiempo parcial sin que sea solicitado por la mujer trabajadora. La discriminación indirecta por sexo consiste en que un criterio que parece neutro a primera vista conlleva una situación de desventaja para las mujeres frente a personas con otro género diferente. A los padres no se les obliga a reducir su jornada laboral, si bien, al igual que las madres, tienen el derecho a solicitar una reducción de jornada de manera voluntaria.

La LOIEMH establece, además, a lo largo de su articulado, los siguientes objetivos específicos:

- ⮞ **Fomentar la conciliación de la vida personal, familiar y laboral:** la conciliación de la vida laboral con la personal y familiar es otro objetivo fundamental de la LOIEMH. La ley reconoce que los roles tradicionales de género asignan desproporcionadamente la responsabilidad del cuidado familiar a las mujeres, lo que puede obstaculizar su participación plena en el ámbito laboral. Para abordar esta cuestión, la LOIEMH promueve políticas de conciliación, tales como la flexibilidad de horarios laborales, el teletrabajo y los permisos parentales compartidos, con el fin de posibilitar un equilibrio que beneficie tanto a hombres como a mujeres.

➲ **Promover la representación equilibrada de mujeres y hombres en los ámbitos de decisión:** la participación equitativa en los puestos de liderazgo y toma de decisiones es vital para avanzar hacia una sociedad más justa e inclusiva. La LOIEMH aboga por la representación equilibrada de mujeres en consejos de administración y en posiciones de dirección, tanto en el sector público como en el privado. Para alcanzar este objetivo, la ley sugiere la implementación de mecanismos como las cuotas de género, los recipientes de talento femenino para la capacitación y la promoción de liderazgos diversos. Por ejemplo, se ha propiciado la creación de programas de mentoría y redes de apoyo para mujeres líderes en formación.

➲ **Promocionar y difundir de la igualdad de género a través de la educación y la sensibilización pública:** la educación juega un papel crucial en la promoción de la igualdad de género. La LOIEMH enfatiza la importancia de incorporar la igualdad de género en el sistema educativo desde una edad temprana, lo que fomenta así una cultura respetuosa y equitativa. Del mismo modo, las campañas de sensibilización pública son esenciales para desafiar y cambiar actitudes y creencias discriminatorias hacia las mujeres. A través de estas iniciativas educativas, se busca crear una base sólida que evite la transmisión de los roles y los estereotipos de género que perpetúan la desigualdad en todos los aspectos de la vida.

➲ **Desarrollar políticas específicas para prevenir el acoso sexual y por razón de sexo:** el acoso sexual y por razón de sexo en los lugares de trabajo representa un problema persistente que mina la seguridad y el bienestar de las mujeres. La LOIEMH establece medidas proactivas para prevenir y eliminar estas conductas, lo que garantiza que todos los empleados tengan derecho a un ambiente laboral seguro y respetuoso. Esto incluye la implementación de protocolos claros y eficaces para denunciar, investigar y sancionar casos de acoso, así como programas de formación que sensibilicen sobre la importancia del respeto y la igualdad en el entorno laboral.

➲ **Fomento de la corresponsabilidad en el hogar:** la corresponsabilidad en las tareas domésticas y el cuidado de personas dependientes es crucial para lograr una igualdad real entre mujeres y hombres. La LOIEMH impulsa este objetivo promoviendo políticas y trabajos que incentiven a los hombres a involucrarse más en el hogar, desafiando así los roles tradicionales de género. Esto se puede lograr fortaleciendo la normativa sobre el reparto equitativo de responsabilidades familiares y proponiendo incentivos para los empleadores que promuevan la paridad en licencias parentales y otras facilidades que apoyen la corresponsabilidad.

➲ **Establecer actuaciones de evaluación continua:** para que los objetivos de la LOIEMH se materialicen, es esencial asegurar su implementación efectiva y realizar un seguimiento continuo. Esto requiere la cooperación de las diversas entidades, tanto públicas como privadas, para alinear sus políticas y procedimientos con el espíritu y letra de la ley. La creación de comités de igualdad, la elaboración de informes regulares sobre el progreso en materia de igualdad y el establecimiento de sanciones para aquellos que no cumplan con la normativa son herramientas que facilitan el cumplimiento de este objetivo.

 RECUERDA

La LOIEMH representa más que un marco legal: es un compromiso del Estado español para construir una sociedad basada en los principios de respeto, dignidad e igualdad de género. Los objetivos de esta ley abordan las desigualdades estructurales desde múltiples ángulos, promueve pues un cambio que trasciende el ámbito laboral para influir positivamente en todas las áreas de la vida. Al luchar por la eliminación de la discriminación, la promoción de la corresponsabilidad y la creación de un entorno igualitario, la LOIEMH allana el camino hacia un futuro más justo y equitativo para las mujeres y los hombres en España.

Imagen que representa la igualdad entre mujeres y hombres, así como el símbolo utilizado para identificar a cada sexo

Entre las medidas de acción positiva que establece la LOIEMH se encuentran las siguientes:

- **Acceso al empleo y promoción profesional:** se establecen programas especiales que promocionan el acceso de las mujeres a puestos de trabajo tradicionalmente ocupados por hombres y el ascenso a niveles superiores de responsabilidad.
- **Formación:** se alienta la implementación de programas formativos que eleven las competencias de las mujeres en sectores donde están infrarrepresentadas.
- **Conciliación de la vida personal, familiar y laboral:** la LOIEMH aborda la necesidad de una conciliación eficaz mediante una repartición equitativa de responsabilidades familiares y laborales
- **Establecimiento de obligaciones para las empresas:** uno de los aspectos relevantes de la LOIEMH es el establecimiento de obligaciones para las empresas respecto a la promoción de igualdad. Algunas de estas obligaciones son:

    1. **Planes de Igualdad:** las empresas de más de 50 empleados están obligadas a diseñar e implementar planes de igualdad que incluyan un conjunto ordenado de medidas evaluables dirigidas a alcanzar la igualdad de trato y oportunidades entre mujeres y hombres, y a eliminar la discriminación por razón de sexo.
    2. **Medidas específicas en el ámbito de la negociación colectiva:** se fomenta la inclusión de cláusulas de igualdad y no discriminación en los convenios colectivos, una herramienta clave para transmitir y consolidar la paridad en el ámbito laboral.
    3. **Prevención del acoso sexual y acoso por razón de sexo:** se identifica la obligación de desarrollar códigos de conducta y formación para prevenir y corregir estos tipos de comportamientos.

- **Proyección en la negociación colectiva:** el capítulo III del título IV de la LOIEMH destaca el papel crucial de la negociación colectiva al introducir normativas de igualdad en la dinámica de las relaciones laborales. A través de los convenios colectivos es posible integrar prácticas específicas que faciliten la igualdad, ajustando para ello las condiciones laborales en materia de remuneración, horarios y permisos. De esta manera, mediante los planes de igualdad se asegura:

    1. **La revisión de las clasificaciones profesionales:** se insta a que los convenios colectivos revisen las clasificaciones profesionales, eliminando sesgos que pudieran derivarse en discriminación salarial.
    2. **La transparencia salarial:** el establecimiento de criterios claros y objetivos para la compensación económica es esencial para garantizar que no existan diferencias salariales injustificadas entre hombres y mujeres.

ACTIVIDAD COMPLEMENTARIA

1. Localiza tres documentos elaborados por el INSST (Instituto Nacional de Seguridad y Salud en el Trabajo) que faciliten la concienciación sobre la importancia de implementar acciones positivas. Esta documentación elaborada no es de obligado cumplimiento.

2.2. Principios esenciales establecidos en la LOIEMH

La LOIEMH representa un hito significativo en la búsqueda de la paridad de género en nuestro país. Traduce compromisos internacionales y europeos en un marco normativo concreto y aplicable dentro de España. Para comprender cabalmente la relevancia de esta ley, es fundamental desentrañar sus principios esenciales (estructuran las bases sobre las cuales se articula la igualdad en el ámbito laboral, así como en otras áreas de la sociedad):

● **Principio de Igualdad de trato:** la LOIEMH consagra el principio de igualdad de trato, el cual implica que los hombres y las mujeres deben recibir un trato equitativo sin discriminación por razón de sexo. Este principio, en el contexto laboral, se traduce en el derecho a la igualdad de oportunidades, acceso, formación, promoción y condiciones de trabajo. El concepto de igualdad de trato se extiende a prohibir cualquier forma de discriminación directa o indirecta que pudiera obstaculizar el pleno desarrollo profesional de cualquier persona, independientemente de su género. Esto abarca desde la publicación de ofertas laborales neutras que no impongan requisitos relacionados con el género hasta la implementación de políticas internas que aseguren una evaluación justa y basada en mérito.

● **Principio de igualdad de oportunidades:** un componente clave del marco de la LOIEMH es la promoción de la igualdad de oportunidades en todos los niveles y sectores de la economía. Esto significa desplegar estrategias conscientes y planificadas para eliminar las barreras estructurales y culturales que perpetúan la discriminación de género. Esto abarcaría medidas tales como programas específicos de formación diseñados para capacitar a mujeres en sectores tradicionalmente dominados por hombres y campañas de sensibilización para promover ambientes inclusivos. La ley busca una transformación estructural en la que las mujeres dispongan de las mismas posibilidades que los hombres para acceder a puestos de decisión y liderazgo.

- **Principio de transversalidad:** este principio reconoce que la igualdad de género no se limita a un solo ámbito de la vida social o económica, sino que debe atravesar todas las políticas públicas y privadas. La transversalidad exige la integración sistemática del enfoque de género en la planificación, implementación, monitoreo y evaluación de políticas y programas. En el ámbito laboral, esto podría significar la evaluación de políticas de recursos humanos para identificar sesgos de género y ajustar prácticas que fomenten un entorno equilibrado e inclusivo. Las empresas están llamadas a desarrollar planes de igualdad que aborden de manera integral las necesidades específicas de sus empleados en materia de género.

- **Principio de acción positiva:** la acción positiva se refiere a aquellas medidas específicas y temporales diseñadas para corregir la desventaja a la que se enfrentan ciertos grupos debido al género. Con la LOIEMH, estas medidas pueden incluir cuotas de género en determinados sectores o niveles empresariales, incentivos fiscales para empresas que promueven la paridad de género en sus altos mandos, o incluso subvenciones para la formación profesional dirigida a mujeres. Estas iniciativas son vistas como herramientas necesarias para acelerar el proceso de equilibrio y equidad laboral, especialmente en industrias y contextos donde las desigualdades están más arraigadas.

- **Principio de corresponsabilidad:** el principio de corresponsabilidad en la vida personal, familiar y laboral subraya la importancia del reparto equitativo de las responsabilidades y tareas del hogar, y el cuidado de dependientes entre hombres y mujeres. La LOIEMH enfatiza la necesidad de redefinir los roles tradicionales de género, promoviendo políticas de conciliación como la flexibilización de horarios o la creación de servicios de cuidado infantil asequibles, que faciliten a ambos sexos la conciliación de sus responsabilidades laborales y personales. Este principio busca romper el ciclo en el que las mujeres a menudo asumen una carga desproporcionada de responsabilidades familiares, lo que impacta directamente en su desarrollo profesional.

- **Principio de garantía legal:** la norma establece una indemnidad frente a represalias, las cuales considera un acto de discriminación por razón de sexo que es consecuencia de la presentación, por su parte, de queja, reclamación, denuncia, demanda o recurso de cualquier tipo, destinados a impedir su discriminación y a exigir el cumplimiento efectivo del principio de igualdad de trato entre mujeres y hombres. Establece además la inversión de la carga de prueba, lo que significa que corresponderá a la persona demandada probar la ausencia de discriminación.

  Junto a ello, establece tanto la nulidad de todo acto y/o cláusula de los negocios que constituya o cause discriminación por razón de sexo como la existencia de una responsabilidad, que se materializa en un sistema de reparaciones o indemnizaciones reales, efectivas y proporcionadas al daño sufrido.

➲ **Principio de referencia internacional y comunitaria:** la legalidad y los principios de la LOIEMH están en consonancia con las políticas comunitarias de la Unión Europea y los tratados internacionales en materia de igualdad de género. Al alinearse con estándares como la Carta de los Derechos Fundamentales de la Unión Europea y las directivas específicas de igualdad de género, la LOIEMH asegura que las prácticas nacionales estén en sintonía con las mejores prácticas y compromisos internacionales. Este principio fortalece el marco de derechos y provee una estructura para que España no solo implemente políticas efectivas en su territorio, sino que también sirva como ejemplo o referente dentro de su entorno regional.

➲ **Principio de verificación y control:** la verificación y la evaluación constante son vitales para asegurar que los principios enumerados sean efectivamente aplicados y fomentados. Esto incluye la creación de indicadores de género que faciliten la medición del progreso y permitan a las organizaciones ajustar sus estrategias de manera oportuna. La transparencia en la comunicación y la rendición de cuentas son también fundamentales para fortalecer la confianza pública en las iniciativas de igualdad.

Para garantizar la plena **implementación** de estos principios, es necesario:

Que exista un compromiso multinivel
- El compromiso multinivel que involucra tanto a instituciones públicas como privadas que monitorean y promueven prácticas de igualdad de género y fomentan la participación activa de actores sociales, empresariales y civiles. La colaboración intersectorial y el diálogo social son esenciales para superar las limitaciones y resistencias que puedan surgir durante la ejecución de estas políticas.

Implementar planes de igualdad
- La LOIEMH establece la figura de los planes de igualdad como un instrumento clave para la materialización de estos principios dentro de las organizaciones. Un plan de igualdad debe incluir un diagnóstico preciso de la situación de género, definir objetivos claros y medir el impacto de las medidas implementadas.

Continúa en página siguiente >>

<< Viene de página anterior

> **Superar las barreras existentes**
> - A pesar de la sólida estructuración de los principios de la LOIEMH, la aplicación de estos se enfrenta a varios desafíos. Entre ellos destaca la resistencia cultural hacia los cambios en los roles de género tradicionales, que a menudo se manifiestan en las esferas personal y profesional. Además, está la barrera de la falta de sensibilización o formación en materia de igualdad de género entre los líderes y responsables de la toma de decisiones. Superar estas barreras requerirá un esfuerzo continuado en educación y concienciación, así como políticas proactivas que fomenten un cambio cultural gradual y sostenido.

 TAREA 1

Lola está elaborando un curso para profesionales de las Administraciones públicas y para explicar los principios de la LOIEMH considera que es importante elaborar un ejercicio práctico en el que se recojan ejemplos prácticos que ayuden a identificar su importancia. ¿Qué ejemplos podría poner Lola sobre cada principio?

2.3. Alcance y aplicación

La promulgación de la LOIEMH en España no solo significó un hito crucial en el reconocimiento y promoción de la igualdad de género, sino que a su vez estableció un marco legislativo robusto destinado a contrarrestar las desigualdades históricas que han permeado el ámbito laboral y otros sectores de la vida social.

La LOIEMH introdujo modificaciones en el ámbito laboral que afectan a:

Sector público y privado
- La ley se aplica tanto al sector público como al sector privado, e incorpora mecanismos específicos para asegurar la igualdad en la contratación, el acceso a las posiciones de liderazgo, la remuneración y la promoción profesional. Las empresas y los organismos públicos tienen la obligación legal de integrar medidas de igualdad en sus políticas internas y sus prácticas diarias.

Planes de igualdad
- La LOIEMH obliga a las empresas con más de 50 trabajadores a elaborar y aplicar planes de igualdad, los cuales deben ser negociados con los representantes legales de los trabajadores. Estos planes implican un diagnóstico de la situación de desigualdad, la definición de objetivos concretos, las actividades que se llevarán a cabo y la implementación de un sistema de seguimiento y evaluación.

Conciliación de la vida familiar y laboral
- Dentro del marco laboral, la LOIEMH aborda de manera integral la conciliación entre la vida laboral y familiar. Se promueven políticas que flexibilicen el horario laboral, incentiven el teletrabajo y fomenten la responsabilidad compartida en el cuidado de hijos y dependientes, para asegurar que este no recaiga desproporcionadamente sobre las mujeres.

 **APLICACIÓN PRÁCTICA**

Isabel está impartiendo un curso sobre igualdad de género y considera importante que el alumnado conozca las medidas de obligada implementación, tanto en el sector público como en el sector privado, para alcanzar la igualdad de género. ¿Podrías indicarle cuáles son?

Solución

En la Administración pública y en el sector privado es obligatorio implementar los planes de igualdad, medidas para favorecer la igualdad retributiva y medidas para el fomento de la conciliación de la vida familiar y laboral.

Además, la LOIEMH introduce una serie de modificaciones en el ámbito de la negociación colectiva:

- **Incorporación de cláusulas de igualdad:** la LOIEMH requiere la inclusión explícita de cláusulas y procedimientos que promuevan y garanticen la igualdad entre hombres y mujeres en los convenios colectivos. Esto significa que la negociación colectiva debe convertirse en un vehículo para fomentar la igualdad salarial y romper con las estructuras salariales y laborales discriminatorias.
- **Representación equilibrada:** durante la negociación de los acuerdos colectivos, se debe garantizar que exista una representación equilibrada de hombres y mujeres, asegurando así que la perspectiva de género esté presente durante la formulación de políticas laborales.
- **Formación en igualdad de género:** los convenios colectivos deben fomentar la inclusión de formación en igualdad de género para todos los trabajadores, lo que abarca desde el manejo del lenguaje inclusivo hasta la implementación de protocolos contra el acoso por razón de género.
- **Auditorías sociales:** la aplicación de la LOIEMH requiere que las empresas realicen auditorías salariales para detectar posibles brechas de género y que estas auditorías sean integradas en las negociaciones colectivas como herramienta para establecer medidas que subsanen tales desigualdades.

◉ EJEMPLO

Para ilustrar cómo estas disposiciones se desarrollan en la práctica, podemos observar acuerdos colectivos de empresas multinacionales en España que han implementado con éxito políticas de igualdad de género. Por ejemplo:

- Empresa A. En un acuerdo reciente, una empresa del sector tecnológico introdujo un protocolo detallado para la prevención y respuesta al acoso sexual en el lugar de trabajo, acompañado de un compromiso de formar a todos los empleados en prácticas de igualdad anualmente.
- Empresa B. En el ámbito del sector servicios, un grupo empresarial estableció un sistema pionero de auditorías salariales anuales que incluye revisiones específicas de salarios, beneficios y estructuras de ascenso, lo que permite un ajuste proactivo y anual de las disparidades detectadas.

ACTIVIDAD COMPLEMENTARIA

2. Localiza documentos elaborados tanto en la Administración pública como en el sector privado relacionados con protocolos de actuación frente al acoso sexual y por razón de sexo.

---

3. Justificación socioeconómica en el actual contexto sociolaboral

 HILO CONDUCTOR

La LOIEHM persigue responder a las necesidades socioeconómicas existentes en el actual contexto sociolaboral. Es muy importante que el alumnado las conozca, para tener argumentos que facilitar a la empresa y al resto de personas trabajadoras, que igual no entienden los beneficios que conlleva implementarlas.

La justificación socioeconómica de la implementación efectiva de la igualdad de género en el ámbito laboral se enmarca en un contexto de profundas transformaciones:

Económicas	Sociales
- Desde una perspectiva económica, la igualdad de género en el mercado laboral es esencial para lograr un crecimiento inclusivo y sostenible. Numerosos estudios han demostrado que la reducción de las brechas de género en el empleo, los ingresos y las posiciones de liderazgo pueden tener un impacto significativo en el producto interior bruto (PIB) y en la competitividad económica de un país. Las mujeres representan más de la mitad del talento global, por lo que su plena participación en la economía contribuye no solo a una mayor diversidad e innovación, sino también a la estabilidad macroeconómica. Según el Foro Económico Mundial, cerrar la brecha de género en el empleo podría aumentar el PIB europeo hasta un 5,5 % en algunos países.	- La equidad de género contribuye a la cohesión social y al desarrollo humano. Una sociedad que garantiza la igualdad de oportunidades para todos sus habitantes es más justa y equitativa, lo que se traduce en una mayor estabilidad y paz social. En el ámbito familiar, la igualdad de género potencia la corresponsabilidad, aliviando las cargas desproporcionadas de cuidados que tradicionalmente han recaído sobre las mujeres, lo que a su vez repercute positivamente en el desarrollo infantil y en el bienestar de las personas dependientes.

En el actual **contexto laboral** en España, la inserción plena de las mujeres en el mercado de trabajo ya no se presenta únicamente como un imperativo ético o de derechos humanos, sino como una necesidad estratégica para el desarrollo económico sostenible y el bienestar social.

En relación con el mercado laboral, existen diversos aspectos que contribuyen a las transformaciones/mejoras en el ámbito de la economía:

⊃ **La igualdad de género en el mercado laboral es esencial para lograr un crecimiento inclusivo y sostenible:** a lo largo de la historia, la participación de las mujeres en el mundo del trabajo ha sido considerada secundaria, incluso marginal. Durante gran parte del siglo xx, las mujeres eran vistas primordialmente como un recurso laboral de reserva y su acceso al trabajo remunerado era condicionado por las responsabilidades familiares. Sin embargo, en la economía global contemporánea, las dinámicas han cambiado drásticamente. En primer lugar, las sociedades han tomado conciencia de la importancia de aprovechar plenamente el potencial de toda la fuerza laboral, sin distinciones de género. La situación demográfica, caracterizada por un envejecimiento de la población y bajas tasas de natalidad, también ha resaltado la necesidad de contar con un mercado laboral inclusivo, que favorezca la conciliación de la vida familiar y laboral para ambos géneros.

Numerosos estudios han demostrado que la reducción de las brechas de género en el empleo, los ingresos y las posiciones de liderazgo pueden tener un impacto significativo en el PIB y en la competitividad económica de un país. Las mujeres representan más de la mitad del talento global. Su plena participación en la economía contribuye no solo a una mayor diversidad e innovación, sino también a la estabilidad macroeconómica. Según el Foro Económico Mundial, cerrar la brecha de género en el empleo podría aumentar el PIB europeo hasta un 5,5 % en algunos países.

➲ **El mercado laboral español se enfrenta hoy a una serie de retos vinculados a la transformación digital y tecnológica, el cambio climático y los movimientos migratorios:** en este marco, la igualdad de género es vista como un motor de cambio positivo. Las empresas y las organizaciones que promueven la diversidad y la inclusión están mejor posicionadas para adaptarse a estos desafíos, dada su capacidad para generar soluciones creativas y manejar los riesgos de manera más eficaz.

➲ **Cambios en la cultura corporativa:** un número creciente de empresas reconoce que la diversidad de género no solo es una cuestión de justicia social, sino también un factor de éxito empresarial. Las organizaciones que priorizan la igualdad de género suelen disfrutar de un mejor ambiente laboral, incrementan su capacidad para atraer y retener talento diverso, y muestran un desempeño financiero superior al de sus competidores menos inclusivos.

Las políticas activas en favor de la igualdad de género, como los planes de igualdad y la negociación colectiva con perspectiva de género, se perfilan, por tanto, como herramientas cruciales para el cambio organizacional y social.

Sin embargo, el actual contexto laboral refleja tanto avances como desafíos en materia de igualdad. Las tasas de participación femenina en el mercado laboral han aumentado de manera constante en las últimas décadas; no obstante, persisten desigualdades significativas, como la segregación ocupacional y las diferencias salariales entre hombres y mujeres, que deben ser abordadas con urgencia. Estas desigualdades no solo afectan la vida de millones de mujeres, sino que también representan una pérdida en términos económicos y de talento humano para el país.

En el ámbito social nos encontramos con:

➲ **La equidad de género contribuye a la cohesión social y al desarrollo humano:** una sociedad que garantiza la igualdad de oportunidades para todos sus habitantes es más justa y equitativa, lo que se traduce en una mayor estabilidad y paz social. En el ámbito familiar, la igualdad de género potencia la corresponsabilidad, alivia las cargas desproporcionadas de cuidados que tradicionalmente han recaído sobre las mujeres, lo que a su vez repercute positivamente en el desarrollo infantil y en el bienestar de las personas dependientes.

➲ **Evidencias de una creciente demanda social y política hacia una mayor sensibilización y acción para combatir las desigualdades de género:** el contexto actual también evidencia una creciente demanda social y política hacia una mayor sensibilización y acción para combatir las desigualdades de género. Movimientos sociales como #MeToo y Ni Una Menos han puesto en el foco mediático la necesidad de un cambio estructural. La ciudadanía exige políticas públicas y acciones privadas concretas que favorezcan la equidad de género en todos los ámbitos de la vida. En este sentido, los planes de igualdad se erigen en una respuesta institucional a esa demanda, ofrecen un marco para la acción coordinada y efectiva en la reducción de las desigualdades laborales entre hombres y mujeres.

En el ámbito legislativo, la LOIEMH, junto con otras normativas europeas, establece un conjunto de principios y directrices que buscan garantizar la igualdad de trato y oportunidades en el empleo. Estas disposiciones son fundamentales para establecer un marco regulador que facilite la incorporación y retención del talento femenino en condiciones equitativas. Sin embargo, la correcta implementación y seguimiento de estas normativas es esencial para asegurar que se traduzcan en cambios reales en el lugar de trabajo.

En resumen, la justificación socioeconómica de promover la igualdad de género en el actual contexto laboral de España es innegable. Representa un imperativo económico y social que requiere una acción decidida por parte de todos los actores involucrados, desde las Administraciones públicas hasta el entorno empresarial, pasando por los sindicatos y la sociedad civil. La igualdad de género se presenta no solo como una meta en sí misma, sino como un medio para alcanzar el desarrollo económico, la justicia social y el bienestar colectivo.

Por consiguiente, en la medida en que se avance en la igualdad de género en el mercado laboral, también se estarán sentando las bases para una sociedad más equitativa, próspera y resiliente frente a los desafíos del siglo xxi.

3.1. Disparidades salariales

En el continuo camino hacia la igualdad de oportunidades entre hombres y mujeres en el ámbito laboral, uno de los aspectos más notorios y complejos de abordar es la disparidad salarial. A pesar de los esfuerzos políticos y sociales por fomentar la equidad, las brechas salariales persisten, reflejando desigualdades arraigadas que van más allá de meras diferencias económicas. Comprender su origen, implicaciones y estrategias para su solución es vital para el avance hacia una sociedad más justa.

La brecha salarial conlleva diferencias retributivas por trabajo de igual valor.

En España, al igual que en muchas otras naciones, la disparidad salarial entre géneros refleja un fenómeno multifactorial. La medición precisa de esta brecha a menudo se realiza a través del cálculo de la diferencia entre el salario medio de hombres y mujeres para un trabajo similar, educando sobre las desigualdades existentes en el acceso, permanencia y progreso en los puestos de trabajo.

Las estadísticas recientes indican que, de promedio, las mujeres ganan alrededor de un 20 % menos que los hombres. Esta cifra, por sí misma, no captura todas las variables en juego, pero subraya la urgencia de medidas efectivas de ajuste. Hay factores como el sector de empleo, el nivel educativo, la experiencia laboral y la negociación individual del salario que afectan a estas cifras.

SABÍAS QUE...

La brecha salarial atenta contra el principio de igual retribución por trabajo de igual valor, el cual, tal y como establece el R. D. 902/2020 en su art. 4.1., vincula a todas las empresas con independencia del número de trabajadores, y a todos los acuerdos y convenios colectivos. Para analizar la brecha salarial se utilizan diversos enfoques, entre los que destacan:

- Brecha salarial sin ajustar: consiste en medir la diferencia entre las retribuciones brutas media de mujeres y hombres sin considerar factores socioeconómicos o puestos de trabajo. Es el indicador que utiliza el INE y Eurostat.
- Brecha salarial ajustada: tiene en cuenta aspectos como la educación, la experiencia laboral, las horas trabajadas o el tipo de trabajo para determinar el salario.

 TAREA 2

Beatriz está impartiendo un curso para afiliados al sindicato al cual pertenece y entre las materias de la formación se encuentra la brecha salarial. Ella considera importante que se adquieran conocimientos prácticos sobre cómo eliminarla. ¿Qué ejemplos podría poner?

Diversas investigaciones han puesto de manifiesto que las disparidades salariales están ocasionadas por:

- **Sectorización del trabajo:** tradicionalmente, ciertos sectores laborales han estado dominados por un género u otro. Por ejemplo, los trabajos en salud, la educación y los servicios suelen tener una mayor participación femenina. Están habitualmente peor remunerados que sectores como la tecnología o las finanzas, donde predominan los hombres. Esta segmentación sectorial del empleo contribuye significativamente a la disparidad salarial.
- **Roles de género y techo de cristal:** a menudo, los estereotipos de género influyen en la percepción de las capacidades de las mujeres, lo que afecta las oportunidades de promoción y acceso a posiciones de liderazgo. El techo de cristal se refiere a la barrera invisible que impide que

las mujeres escalen a niveles altos dentro de sus organizaciones, lo que impacta directamente en la brecha salarial.

➲ **Brecha de cuidados:** en muchas culturas, incluida la española, las expectativas sociales asignan a las mujeres la responsabilidad primaria del hogar y el cuidado de la familia. Esta designación no remunerada limita su disponibilidad para los empleos a tiempo completo o con mayores cargas horarias, que suelen estar mejor pagados, lo cual ahonda la brecha de ingresos.

➲ **Aspectos educativos / formativos:** aunque la brecha de género en la educación ha disminuido considerablemente, continúan existiendo diferencias en las áreas de estudio elegidas por hombres y mujeres. Las mujeres, en general, tienden a escoger carreras menos vinculadas a altas remuneraciones, como las ingenierías, frente a carreras en artes o humanidades.

 ## DEFINICIÓN

Techo de cristal

La barrera invisible resultante de un complejo entramado de estructuras en organizaciones dominadas por varones, que impide que las mujeres accedan a puestos importantes.

- -

La disparidad salarial conlleva una serie de consecuencias, que podemos agrupar en las categorías indicadas a continuación:

➲ **Impacto económico:** las brechas salariales contribuyen a una menor capacidad económica femenina, lo que afecta el consumo, el ahorro y la inversión en la economía nacional. En un análisis más profundo, cerrar la brecha salarial podría llevar a un significativo aumento del PIB y a maximizar el potencial de la mitad de la población.

➲ **Psicológicas y relacionadas con la satisfacción en el trabajo:** la existencia de una disparidad salarial persistente puede llevar a una disminución de la autoestima y la satisfacción laboral de las mujeres, a la vez que intensifica la sensación de injusticia y desmotivación, en un entorno que debería ser equilibrado y basado en el mérito.

➲ **Impacto en el retiro:** la carrera laboral femenina, en medias salariales más bajas y con interrupciones, generalmente debido a compromisos familiares, conduce finalmente a un retiro en situación económica más precaria, dejando a las mujeres mayormente dependientes de otras fuentes de ingreso en la jubilación.

 **RECUERDA**

Las específicas disparidades salariales no solo tienen un impacto a nivel particular en el ingreso individual de las mujeres, sino que también tienen afectan al macroeconómico significativo. La equidad salarial no solo es un imperativo moral, sino también una necesidad económica.

Por todo ello, se han puesto en marcha diversas estrategias para mitigar las disparidades salariales, las cuales consisten en una combinación de políticas públicas, cambios culturales y ajustes en la gestión empresarial, que se manifiestan en actuaciones relacionadas con los aspectos siguientes:

- **La transparencia salarial:** las políticas de transparencia salarial pueden ayudar a detectar y abordar las desigualdades. Obligar a las empresas a revelar las cifras salariales medias y los criterios de pago asegura una mayor responsabilidad y fomenta un espíritu de equidad. Un ejemplo efectivo de esto es la ley Equal Pay en Islandia, que requiere a las empresas probar la igualdad en salarios para obtener licencias de operación.
- **Educación y concienciación:** invertir en educación y en formación continua para ambos géneros, específicamente las mujeres, en áreas altamente demandadas ayuda a nivelar el terreno laboral. Además, los programas educativos que cuestionen los estereotipos de género y promuevan la igualdad desde la infancia pueden facilitar una cultura inclusiva.
- **Apoyo a la conciliación laboral y familiar:** implementar políticas de conciliación laboral que no penalicen a las mujeres que desean tanto desarrollar su carrera como formar una familia. Esto incluye incentivar la paternidad compartida a través de licencias parentales iguales y obligatorias para padres y madres, así como el apoyo en la accesibilidad a guarderías.
- **Promociones y liderazgo femenino:** fomentar una mayor representación femenina en roles de liderazgo puede proporcionar modelos que seguir y cambiar las estructuras de poder organizacional. Los programas de mentorías y esponsorización pueden ser efectivos.
- **Reforma del mercado de negociación colectiva:** el diseño de planes de igualdad dentro de las empresas, obligatorios en ciertas circunstancias, puede incluir metas claras y medidas de seguimiento para reducir la brecha salarial.
- **Legislación y cumplimiento riguroso:** las leyes actuales deben ser vigiladas y cumplir sanciones cuando se perciban desigualdades en el pago

por el mismo trabajo. Las auditorías salariales y la utilización de cuotas laborales pueden ser herramientas eficaces en el cumplimiento de estas normativas.

La reducción de las disparidades salariales entre hombres y mujeres es un elemento esencial dentro del esquema más amplio de la igualdad de género, y requiere un compromiso colectivo y multidisciplinar para que se concrete.

El compromiso con la igualdad salarial refuerza no solo la justicia social, sino la economía en su totalidad. Sirve a las expectativas de una sociedad que valora a cada individuo en función de su capacidad y contribución, sin los impedimentos de prejuicios históricos. La articulación de esfuerzos concertados entre el Gobierno, las empresas y la sociedad civil es crítica. El andamiaje legal brinda la estructura necesaria para perpetuar el cambio positivo.

3.2. Impacto económico de la desigualdad de género

La desigualdad de género en el ámbito laboral no solo representa una cuestión de justicia social y derechos humanos, sino que también tiene profundas implicaciones económicas que afectan tanto a nivel microeconómico —en empresas e individuos— como a nivel macroeconómico, pues impacta en la productividad nacional y el crecimiento económico a largo plazo. Para entender plenamente el impacto económico de esta desigualdad, es esencial desglosar sus diversos efectos e ilustrar cómo las medidas de igualdad de género no solo benefician a las mujeres, sino a la sociedad en su conjunto.

A continuación, se muestran algunas de las consecuencias que conlleva la desigualdad de género a nivel económico:

● **Productividad y crecimiento económico:** una de las principales formas en las que la desigualdad de género afecta la economía es a través de su influencia en la productividad general del mercado laboral. La participación de las mujeres en la fuerza laboral representa un recurso no completamente aprovechado. Cuando las mujeres son excluidas del mercado laboral, o cuando su potencial es subutilizado debido a disparidades salariales o a la segregación ocupacional, la economía en su totalidad sufre. Hay estudios que han demostrado que las economías que promueven la igualdad de género y la integración plena de las mujeres en el mercado laboral experimentan mayores tasas de crecimiento económico. Según un informe del Fondo Monetario Internacional (FMI), cerrar la brecha de género en el empleo podría incrementar el PIB de las economías de la OCDE hasta en un 10 % para 2030. Esto es debido a que una mayor inclusión femenina tiende a proporcionar una diversidad de pensamientos y enfoques, lo cual impulsa la innovación y mejora la competitividad.

La falta de igualdad de género también se traduce en una menor innovación y eficiencia en las organizaciones. La diversidad de género en los equipos de trabajo contribuye a una gama más amplia de perspectivas y soluciones creativas a los problemas, lo que fortalece el rendimiento empresarial. Las empresas que promueven la diversidad de género en roles de liderazgo reportan mejores resultados financieros y son más capaces de adaptarse a los cambios del mercado global. De este modo, el empoderamiento y la equidad de género no son solo cuestiones éticamente correctas, sino decisiones empresariales inteligentes.

➲ **Impacto en el consumo y en la distribución de recursos:** La desigualdad en el ingreso no solo afecta a la calidad de vida de las mujeres, sino que también tiene repercusiones en el consumo y en la distribución de los recursos en la economía. Las mujeres tienden a gastar una mayor proporción de su ingreso en educación, salud y bienestar de sus familias, inversiones que son cruciales para el desarrollo humano y económico a largo plazo. Sin embargo, con ingresos reducidos debido a las disparidades salariales, el potencial de gasto e inversión de las mujeres se ve limitado, lo que provoca un ciclo de pobreza que puede prolongarse durante generaciones. La reducción de la desigualdad de género, por lo tanto, no solo incrementa el ingreso disponible de las mujeres, sino que también potencia el desarrollo comunitario y la demanda de servicios y productos en la economía.

➲ **Impacto en los sistemas fiscales y de seguridad social:** el acceso equitativo de las mujeres al empleo tiene también un impacto considerable en los ingresos fiscales y en la sostenibilidad de los sistemas de seguridad social. Un mayor número de mujeres en la fuerza laboral contribuye a un incremento en la recaudación de impuestos y en las contribuciones a las seguridades sociales, lo cual es fundamental para enfrentarse a los desafíos del envejecimiento poblacional y de los sistemas de pensiones. En cambio, la exclusión económica de las mujeres genera menores ingresos fiscales y una presión adicional sobre las políticas de bienestar social, al tener un mayor porcentaje de mujeres y niños que viven en la pobreza y dependen de ayudas gubernamentales.

Por otro lado, la igualdad de género propicia una mejor distribución en el cuidado no remunerado. Al reconocer y redistribuir estas responsabilidades, las políticas de igualdad inducen más tiempo libre para ambos géneros y un equilibrio en las oportunidades de empleo, lo que reduce la dependencia del Estado para soportar estos déficits a través de servicios públicos suplementarios.

👁 EJEMPLO

A nivel sectorial, los impactos de la desigualdad de género son también significativos y variados. En sectores tradicionalmente dominados por hombres, como la tecnología y la ingeniería, hay una pérdida cada vez más elevada de talento femenino, debido a las barreras sistemáticas que impiden el acceso y el desarrollo profesional para las mujeres. Al no aprovechar al máximo este *pool* de talento, las industrias sufren una carencia de habilidades —esto va en aumento— y una falta de innovación disruptiva que las haga competitivas en el mercado internacional moderno.

En el sector de la agricultura, fundamentalmente en los países en desarrollo, las mujeres representan una parte central de la fuerza laboral. Sin embargo, tienen menor acceso a recursos y derechos agrarios, lo que limita la productividad agrícola y, por ende, el desarrollo económico rural. Hay estudios del Banco Mundial que demuestran que, si las agricultoras tuvieran el mismo acceso a recursos productivos que los hombres, el rendimiento de las granjas podría aumentar significativamente, lo que contribuiría a la seguridad alimentaria y a la erradicación de la pobreza.

La implementación de políticas que promuevan la igualdad de género y que busquen cerrar las brechas existentes tiene impactos positivos observables. Las **políticas de igualdad de género** comprenden desde la implementación de medidas de igualdad salarial hasta la promoción de la educación femenina y el acceso equitativo a recursos financieros y productivos. Los países que han adoptado estas políticas han visto mejoras sustanciales en su tejido económico.

👁 EJEMPLO

Los programas de licencia parental, accesibles tanto para hombres como para mujeres, fomentan una distribución equitativa de las tareas de cuidado en el hogar, lo que a su vez aumenta la tasa de participación de las mujeres en el mercado laboral.

Además, introducir **incentivos** para que las empresas adopten prácticas inclusivas, como cuotas de género en juntas directivas o programas de mentoría específicos, ha demostrado ser efectivo. Estas iniciativas no solo avanzan hacia la equidad de género, sino que también optimizan las dinámicas laborales y amplían las oportunidades de red profesional y desarrollo de habilidades, lo que mejora la calidad del capital humano disponible.

3.3. Beneficios de la igualdad en el mercado laboral

El impacto económico de la desigualdad de género es una problemática multifacética que requiere un enfoque integral para su resolución. Promover la igualdad de género no solo es esencial desde una perspectiva de derechos humanos, sino que también es crucial para impulsar un crecimiento económico sostenible e inclusivo. Las sociedades que afrontan estas diferencias de género con **políticas comprensivas** no solo mejoran el bienestar individual de sus ciudadanos, sino que también fortalecen sus economías, al incrementar la productividad, la innovación y la cohesión social.

A medida que individuos, empresas y Gobiernos se vuelven más conscientes de los beneficios económicos de la igualdad de género, se generan oportunidades para transformar estructuras y normas anticuadas que han perpetuado la desigualdad.

En un futuro cada vez más interconectado y competitivo, adoptar un **enfoque equitativo** en cuestiones de género se convertirá no solo en una ventaja competitiva, sino en una necesidad. Es hora de remodelar la forma en que entendemos el papel de género en la economía, asegurándonos de que el potencial humano sea plenamente realizado, para beneficio de todos.

La igualdad de género en el ámbito laboral es un principio fundamental que repercute positivamente en diversos aspectos económicos, sociales y culturales. En el ámbito laboral, conlleva, además de los beneficios indicados previamente, relacionados con la mejora de las condiciones de empleo y calidad de vida, otros que enriquecen y fortalecen a toda la sociedad y a la economía en su conjunto. Entre estos beneficios se encuentran los siguientes.

Aumento de la competitividad económica

La igualdad de género potencia el aprovechamiento integral del talento humano disponible en un país. Una economía que valora por igual las habilidades y competencias de hombres y mujeres se vuelve más competitiva. Las empresas que fomentan entornos laborales igualitarios y diversos suelen ser más innovadoras, creativas y mejor preparadas para adaptarse a los cambios del mercado, ya que diversifican sus enfoques y perspectivas para resolver problemas. Cuando las mujeres tienen la oportunidad de contribuir de manera equitativa, se incrementa el *pool* de creatividad y se fomenta la implementación de estrategias más sólidas y variadas.

Mejora de la productividad

Al promover la igualdad de género en el lugar de trabajo, se maximiza el potencial humano, lo que se traduce en mejoras significativas de la productividad. Diversos estudios han demostrado que la diversidad de género promueve un ambiente de trabajo más colaborativo y eficiente, donde se valoran tanto las capacidades como las experiencias individuales. Equipos diversos fomentan un clima de trabajo donde la inclusión y la equidad permiten que todo el personal se sienta valorado. Esto favorece una mayor motivación y, por ende, un desempeño más eficaz.

Reducción de la brecha salarial

La igualdad de género contribuye a la reducción de la brecha salarial entre hombres y mujeres. Al instaurar planos de igualdad que buscan eliminar estereotipos de género, y asegurar que el talento y las responsabilidades laborales sean reconocidas y remuneradas equitativamente, se establece un salario justo para todas las personas. Este alineamiento no solo potencia la justicia y la percepción positiva de la empresa, sino que también genera un impacto directo en la economía, al aumentar el poder adquisitivo de una parte significativa de la población, lo cual promueve a su vez el crecimiento económico.

Fortalecimiento de la economía familiar y social

Con la igualdad de género en el ámbito laboral, se eleva el nivel de ingresos de las familias, ya que las mujeres pueden acceder a oportunidades laborales más amplias y equitativas. Esto no solo fortalece las economías familiares, sino que también contribuye al bienestar social a largo plazo, ya que una mejora en los ingresos tiene repercusiones positivas en la salud, la educación y las condiciones de vida de todos los miembros del hogar. Una sociedad que avanza hacia la igualdad de género es una sociedad que reduce los índices de pobreza y aumenta el acceso a oportunidades equitativas para sus ciudadanos.

Fomento de la justicia social

La igualdad en el mercado laboral representa un paso hacia la eliminación de las desigualdades estructurales que a lo largo de la historia han perjudicado a las mujeres. Garantizar que las mujeres trabajen en condiciones de igualdad frente a sus pares hombres es un derecho humano fundamental. La paridad laboral implica reconocer la contribución crucial de las mujeres al desarrollo social y económico, y representa un cambio significativo hacia la justicia social, donde todas las personas, independientemente de su género, puedan desarrollarse y crecer sin limitaciones impuestas por estereotipos obsoletos.

Atracción y retención del talento

Las empresas que se comprometen con la igualdad de género suelen atraer una base de talento más amplia y diversa. Cada vez más, los individuos buscan organizaciones que reflejen sus valores personales de justicia, equidad e inclusión. Un entorno laboral que promueva la igualdad es percibido como atractivo, crea un diferencial competitivo en el mercado en términos de talento humano. Además, fomenta un clima laboral más positivo, incrementa las tasas de retención y disminuye la rotación de personal, lo cual es vital para la estabilidad organizacional y la eficiencia operativa.

Contribución a un entorno organizacional saludable

La igualdad de género en el lugar de trabajo propicia un entorno laboral más sano y acogedor. Las organizaciones líderes en materia de igualdad suelen implementar políticas de conciliación entre la vida laboral y personal, lo cual contribuye al bienestar general de los empleados. Las medidas para alcanzar la equidad de género también reducen las tensiones relacionadas con la discriminación y el acoso, lo cual mejora la satisfacción laboral y las relaciones interpersonales en el trabajo, además de reducir los niveles de estrés y absentismo.

Innovación y adaptación a mercados globales

Un entorno de trabajo igualitario fomenta la diversidad de pensamiento, un activo crucial en las industrias que dependen de la innovación para crecer y evolucionar. Las empresas con alta diversidad de género son más capaces de comprender y adaptar sus productos y servicios a una base de consumidores cada vez más diversa y localizada en diferentes culturas y regiones.

Las mujeres aportan perspectivas únicas que pueden abrir nuevas oportunidades y nichos de mercado, incrementando la capacidad empresarial para innovar y mantenerse competitiva globalmente.

Éxito y sostenibilidad empresarial

La igualdad de género no solo es un valor ético y moral, sino que también se alinea con el interés empresarial en la sostenibilidad a largo plazo. Las empresas que aplican políticas inclusivas y se esfuerzan por lograr un equilibrio de género mientras erradican la desigualdad logran una mejor percepción externa, lo que a menudo se traduce en una reputación favorable entre inversores y clientes. Estos factores no solo son vitales para el crecimiento y el éxito presente, sino también para garantizar la continuidad y resiliencia de la organización frente a desafíos futuros.

Impulso a la democratización y el desarrollo integral

Al promover la igualdad de género en el mercado laboral, se está trabajando hacia un sistema más democrático y equitativo en el que todos los colectivos tengan las mismas oportunidades para participar activamente en todos los aspectos de la vida económica, social y política. Este impulso hacia la democratización del empleo contribuye a un desarrollo más equilibrado y sostenible, facilita una distribución justa de la riqueza y las oportunidades, y promueve una sociedad más justa e inclusiva.

 TAREA 3

Ana está elaborando un decálogo de los beneficios que conlleva la igualdad de género para las empresas que pueda ser utilizado por los representantes de las personas que trabajan en las empresas para fomentar la implementación de medidas. ¿Qué aspectos consideras de recogería este decálogo?

4. Reivindicaciones sindicales y sociales

☞ HILO CONDUCTOR

Dentro del contenido del curso que está impartiendo Isabel, también se abordan los beneficios que conllevan las reivindicaciones sindicales y sociales, puesto que las mismas han contribuido a mejorar la calidad de vida de las personas y aumentar la productividad y crecimiento económico.

Las reivindicaciones sindicales y sociales han jugado un papel crucial en la consecución de derechos fundamentales en el ámbito laboral y en la construcción de una sociedad más equitativa. Tienen que ver con:

Reivindicaciones para aumentar la justicia social
- A lo largo de la historia, los sindicatos han sido pioneros en la lucha por la justicia social, han trabajado incansablemente para mejorar las condiciones de trabajo y asegurar que todos los individuos tengan acceso a los derechos básicos, independientemente de su género. La igualdad de oportunidades entre hombres y mujeres ha sido una de estas áreas cruciales de batalla, ya que se conecta íntimamente con los principios de justicia y equidad en el entorno laboral y en la sociedad en general.

Reivindicaciones de igualdad de género
- Los inicios de las reivindicaciones sindicales para la igualdad de género se remontan a los primeros movimientos feministas, que encontraron en los sindicatos aliados esenciales para su causa. Desde la incorporación de las mujeres al mercado laboral, especialmente durante y después de las guerras mundiales, el escenario laboral ha sido un campo de batalla por la igualdad. Las mujeres, históricamente relegadas a roles domésticos, comenzaron a reclamar un trato justo y remuneraciones equivalentes a las de sus compañeros hombres. Mucho de este esfuerzo ha sido facilitado por el apoyo estructural y la movilización de los sindicatos.

Las reivindicaciones sindicales, por lo tanto, se han encaminado a:

⇒ **Establecer salarios y condiciones de trabajo más justas:** la lucha por la igualdad laboral también aborda cuestiones de desigualdad salarial.

La expresión *brecha salarial* de género describe la disparidad que durante la historia ha existido entre el salario promedio de los hombres y el de las mujeres por un trabajo de igual valor. A través de las negociaciones colectivas, los sindicatos han instado a los empleadores a reevaluar las estructuras salariales y eliminar las prácticas salariales discriminatorias. Han abogado por la transparencia salarial y por medidas correctivas como la actualización periódica y pública de informes sobre el pago, a fin de hacer visibles las diferencias y abordarlas directamente.

Un ejemplo de cómo estas reivindicaciones se han manifestado en acciones concretas son la legislación en materia de igualdad salarial y las medidas de transparencia implantadas en diversos países gracias al empuje de los sindicatos. Muchas regiones han implementado leyes destinadas a cerrar la brecha salarial mediante la auditoría regular de salarios y formularios estándares de informe sobre desigualdad de salario, obligación que fue producto de largas campañas y negociaciones sindicales.

Además, las políticas de conciliación entre la vida laboral y la personal han constituido un pilar en las reivindicaciones sindicales. Las estructuras familiares han cambiado y continúan evolucionando. Es esencial la implementación de medidas que ofrezcan apoyo a ambos géneros en el manejo de sus responsabilidades familiares, sin comprometer sus oportunidades laborales. Los sindicatos han impulsado la implementación de horarios laborales flexibles, la opción de teletrabajo y permisos parentales iguales para hombres y mujeres, permitiendo a los padres y madres compartir por igual las tareas familiares.

➲ **Desmantelar las barreras que impiden que las mujeres accedan a roles dominados por hombres a lo largo de la historia:** examinar el papel de los sindicatos en las reivindicaciones sociales ofrece una hoja de ruta clara para la implementación efectiva de planes de igualdad de género. Esto no solo reconoce un pasado de sacrificio y determinación, sino que proyecta un futuro de justicia y equidad en el que hombres y mujeres tienen las mismas posibilidades y derechos. A través de estas reivindicaciones, los sindicatos continúan siendo un baluarte de lucha por el cambio, defendiendo valores de igualdad y asegurando que ningún trabajador quede atrás en la búsqueda de condiciones laborales justas y equitativas.

Por último, es crucial destacar que, además de las luchas institucionales y políticas, las reivindicaciones sociales implican un cambio cultural más amplio. Los sindicatos han sido clave para fomentar un cambio de paradigma donde el principio de igualdad de género se convierta en una norma estándar en los lugares de trabajo. Así, la creación de comités igualitarios, el establecimiento de redes de apoyo y el reconocimiento público de las contribuciones hechas por mujeres en el ámbito laboral son algunos de los caminos recorridos en esta dirección.

- ⮑ **Denunciar situaciones de acoso sexual y discriminación en el trabajo:** la denuncia de situaciones de acoso sexual y discriminación en el lugar de trabajo ha sido una lucha constante y prevalente. A través de los comités de igualdad y los mecanismos de denuncia, respaldados por los sindicatos, se ha fomentado la creación de entornos laborales seguros y respetuosos. Las reclamaciones específicas de formación sobre diversidad e igualdad, dirigidas tanto a empleados como a empleadores, han ayudado a contrarrestar los prejuicios implícitos y a estimular una cultura de respeto e inclusión.

- ⮑ **Abogar por una educación igualitaria:** Los sindicatos han reconocido que las barreras estructurales a las que se enfrentan las mujeres en el trabajo están profundamente conectadas con contextos sociales más amplios, como el acceso a la educación. Por lo tanto, parte de sus reivindicaciones incluye abogar por una educación igualitaria y oportunidades de formación para mujeres desde edades tempranas, enriqueciendo así las posibilidades de acceso a profesiones tradicionalmente dominadas por hombres.

- ⮑ **Cambiar las normas culturales y sociales que perpetúan la discriminación:** el alcance de las iniciativas sindicales y sociales para la igualdad entre hombres y mujeres no solo se limita a enfrentarse a las diferentes manifestaciones de inequidad, sino que busca también cambiar las normas culturales y sociales que perpetúan la discriminación. La continua reivindicación de estos derechos por parte de los sindicatos y el establecimiento de alianzas estratégicas con otros movimientos sociales proporcionan el marco necesario para impulsar cambios duraderos.

 **RECUERDA**

A través de la historia se ha avanzado de manera sólida hacia una sociedad más justa, en la que la negociación colectiva se erija como un instrumento poderoso para la consecución de un trabajo y una vida dignos para todos, sin distinción de género. Las bases y los logros conseguidos hasta ahora permiten ser optimistas para el avance hacia una igualdad sustantiva y auténtica en los entornos laborales y en el panorama social en su totalidad.

Junto a ello, nos encontramos con un esfuerzo por adaptar y aplicar políticas a nivel de todo el país, incluso a nivel transnacional.

◉ EJEMPLO

En el contexto europeo, el diálogo social con organismos y Gobiernos para la creación de normativas comunes ha permitido fortalecer estas demandas y establecer estándares que reflejan un compromiso con la eliminación de desigualdades basadas en género. Los sindicatos han trabajado activamente con la Unión Europea para garantizar la aplicación eficaz de directivas vinculadas a la igualdad de género y la protección en el ámbito laboral.

4.1. Roles de los sindicatos

Los sindicatos, como agentes indispensables en el entorno laboral, juegan un papel trascendental en la promoción y consecución de la igualdad entre hombres y mujeres. Son organizaciones que defienden los intereses colectivos de los trabajadores y trabajadoras, y dentro de este marco, la igualdad de género es una de sus reivindicaciones principales que busca eliminar la discriminación y promover condiciones de trabajo equitativas y justas para todos.

Para entender el papel de los sindicatos en la promoción de la igualdad de género, es esencial empezar por reconocer la importancia histórica de estas organizaciones. Desde su surgimiento a principios del siglo xix, los sindicatos han trabajado en defensa de los derechos laborales de todos los trabajadores, luchando contra la explotación y por mejores condiciones de trabajo. En estas luchas, la representación de las mujeres ha sido vital, pese a las dificultades y los desafíos a los que se han enfrentado por su condición de género en un ámbito tradicionalmente dominado por hombres.

Los sindicatos contribuyen a la igualdad de género.

Respecto a su lucha por la igualdad de género, cabe decir que se ha convertido en una prioridad para los sindicatos en el siglo xxi. Han asumido un rol proactivo en la creación de políticas de equidad laboral y en combatir la discriminación de género, mediante el impulso de la implementación de planes de igualdad en los lugares de trabajo. Estos planes son herramientas clave para garantizar que tanto mujeres como hombres disfruten de los mismos derechos y oportunidades en sus empleos. El compromiso de los sindicatos con la igualdad se manifiesta de diversas maneras:

- **Negociación colectiva:** los sindicatos utilizan la negociación colectiva como una plataforma para incluir cláusulas de igualdad de género en los convenios colectivos. Estas cláusulas pueden abordar cuestiones tales como la igualdad salarial, el acceso a la formación, la promoción interna, la conciliación de la vida laboral y familiar, y la prevención del acoso sexual y laboral. La negociación colectiva es, por tanto, una herramienta poderosa para fomentar políticas de igualdad y asegurar su cumplimiento.
- **Promoción de políticas inclusivas:** los sindicatos abogan por la creación de políticas inclusivas que beneficien a las trabajadoras, como programas de mentoría para mujeres, medidas de acción afirmativa y formación en liderazgo. Estas políticas son esenciales para aumentar la participación femenina en sectores históricamente dominados por hombres y para romper el techo de cristal que limita la progresión profesional de las mujeres.
- **Campañas de sensibilización y formación:** los sindicatos también realizan campañas de sensibilización y programas de formación para educar a los trabajadores y empleadores sobre la importancia de la igualdad de género. Estas campañas son vitales para cambiar las actitudes y percepciones que perpetúan la desigualdad o que ignoran la contribución de las mujeres en el lugar de trabajo.
- **Asesoramiento y apoyo:** a través de servicios de asesoramiento, los sindicatos proporcionan apoyo directo a las trabajadoras que sufran discriminación o desigualdad de género. Este apoyo puede abarcar la asistencia legal, la orientación en casos de acoso laboral o sexual y la mediación en caso de conflicto laboral.

A pesar de su compromiso y sus esfuerzos, los sindicatos se enfrentan a varios desafíos en su misión por alcanzar la igualdad de género. Aquí se encuentran:

- **Necesidad de aumentar la representación de las mujeres en sus filas y en posiciones de liderazgo:** a lo largo de la historia, las organizaciones sindicales han sido lideradas predominantemente por hombres, lo que limita la voz y el impacto de las mujeres dentro de estas estructuras.

Promover la paridad de género dentro de los sindicatos es fundamental para asegurar que las preocupaciones únicas de las trabajadoras sean adecuadamente representadas y abordadas.

➔ **Resistencia social y cultural al cambio:** a pesar de los avances en derechos de igualdad, persisten actitudes y estereotipos de género que dificultan la implementación efectiva de políticas igualitarias. Los sindicatos deben trabajar en estrecha colaboración con los empleadores, los legisladores y los organismos de la sociedad civil para superar estas barreras y fomentar un entorno de trabajo que valore y respete la diversidad.

➔ **Innovación y adaptación a las condiciones cambiantes del mercado laboral:** con el aumento del trabajo atípico, como el trabajo a tiempo parcial, el teletrabajo y la economía digital, las estrategias tradicionales de los sindicatos deberán evolucionar para proteger a las trabajadoras en estos nuevos contextos laborales.

La revolución digital ha transformado el entorno laboral y el papel de los sindicatos ha tenido que adaptarse a las nuevas necesidades. La flexibilización de los horarios y el teletrabajo pueden ser una oportunidad para la conciliación de la vida laboral y familiar, pero también presentan riesgos de aislamiento y precariedad laboral, que afectan de manera desproporcionada a las mujeres. En este contexto, los sindicatos están obligados a redoblar sus esfuerzos para asegurar que las nuevas formas de trabajo no profundicen en las desigualdades existentes.

Asimismo, el auge de la economía gig y las plataformas digitales de trabajo plantean un nuevo reto en la protección de los derechos laborales de las mujeres. Aquí, los sindicatos juegan un papel vital en la organización de estos trabajadores, muchos de los cuales son mujeres, para garantizar que estas nuevas oportunidades laborales también proporcionen seguridad, estabilidad y condiciones justas.

Aun así, los sindicatos están en una posición única y privilegiada para liderar el cambio hacia la igualdad de género en el ámbito laboral. Al utilizar su poder de negociación, su capacidad de organización y su influencia política, pueden asegurar que se desarrolle un entorno laboral justo y equitativo para todos. Sin embargo, para lograr sus objetivos de igualdad, es crucial que se comprometan con la autorreflexión constante y la innovación, siempre buscando nuevas formas de abordar los problemas de género, para adaptarse a las dinámicas laborales en constante evolución.

El camino hacia la igualdad de género en el trabajo es complejo, pero, con la dedicación y el liderazgo adecuados, los sindicatos pueden ser una fuerza poderosa para el cambio positivo. Siguen siendo un componente clave en la lucha por la igualdad de oportunidades. Su papel es más vital que nunca, en un mundo donde las mujeres continúan enfrentándose a obstáculos significativos para alcanzar la igualdad completa en sus lugares de trabajo. La promoción de la igualdad de género no es solo una cuestión de justicia social, sino que también representa un paso fundamental hacia la construcción de una sociedad más inclusiva y próspera para todos.

4.2. Movimientos sociales por la igualdad

La larga y continua lucha por la igualdad de género ha trazado un camino complejo, lleno de desafíos y victorias parciales, liderado en gran medida por movimientos sociales comprometidos con la causa. En España, al igual que en muchos otros países, estos movimientos han puesto en el foco las desigualdades persistentes, especialmente en el ámbito laboral, donde las brechas de género persisten de manera significativa.

En el desarrollo y el impacto de los movimientos sociales que abogan por la igualdad en el ámbito laboral, destacan, por su influencia en políticas y comportamientos sociales, los siguientes aspectos:

➲ **Origen y evolución de los movimientos sociales por la igualdad de género:** los movimientos sociales por la igualdad de género en el ámbito laboral tienen su origen en las luchas feministas del siglo xix, cuando las mujeres comenzaron a reivindicar su derecho legítimo a una participación equitativa en la sociedad. En España, la Transición y la consolidación de la democracia proporcionaron el terreno propicio para que estos movimientos cobraran fuerza. A medida que las mujeres se incorporaban masivamente al mercado laboral, se evidenciaron las desigualdades en salarios, oportunidades de ascenso y condiciones laborales, lo que impulsó a diversas organizaciones y colectivos a luchar por cambiar ese estado de cosas.
El movimiento feminista ha sido particularmente influyente en la esfera laboral. A lo largo de las décadas, activistas y académicas han documentado las desigualdades estructurales a las que se enfrentan las mujeres en el trabajo. Han utilizado marchas, movilizaciones y campañas de concienciación para visibilizar estas injusticias, además de recurrir a informes detallados y denuncias que respaldan sus reivindicaciones.

➲ **Impacto en la legislación laboral:** los movimientos sociales no solo han actuado desde lo simbólico o mediático, también han jugado un papel crucial en la configuración de las políticas públicas. Gracias a su presión, se han creado leyes y normativas que apuntan a fortalecer la igualdad de género en el trabajo. En España, un ejemplo de esto es la Ley de Igualdad de 2007, que estableció medidas para garantizar la igualdad de trato y de oportunidades entre hombres y mujeres en el empleo. Esta normativa enfatiza, entre otras cosas, la importancia de los planes de igualdad en las empresas y la obligación de negociarlos colectivamente, promoviendo acciones tendentes a eliminar la discriminación por razón de género.

Además, los movimientos sociales han estado detrás de la reciente aprobación de leyes más específicas, como las que amplían los permisos de paternidad para promover la corresponsabilidad en el cuidado, un aspecto fundamental en el logro de un mayor equilibrio laboral y familiar.

➲ **Colaboraciones y coaliciones:** uno de los aspectos más distintivos de los movimientos sociales modernos por la igualdad ha sido su capacidad para establecer colaboraciones estratégicas. Han buscado e incrementado su impacto aliándose con otras organizaciones no gubernamentales, sindicatos y hasta empresas comprometidas con la responsabilidad social corporativa. Los sindicatos, tal como se exploró en el capítulo anterior, son aliados naturales de estos movimientos, ya que comparten el objetivo de mejorar las condiciones laborales, aunque a veces tienen que superar barreras burocráticas y resistencias culturales.

Las coaliciones multiactor han demostrado ser un camino efectivo para lograr cambios. Estas colaboraciones han impulsado la realización de estudios de impacto que comparan las condiciones laborales de mujeres y hombres, han propuesto medidas específicas para corregir desigualdades y han exigido su implementación en la práctica. Asimismo, han promovido plataformas de diálogo entre empleadores, empleadas/os y organismos gubernamentales para innovar en políticas que beneficien a todos los implicados.

➲ **Campañas de concienciación:** concienciar sobre la importancia de la igualdad ha sido uno de los pilares centrales de los movimientos sociales. Iniciativas como las huelgas feministas del 8 de marzo y las campañas en redes sociales, como el popular movimiento #MeToo, han servido para exponer y condenar abusos, discriminaciones y desigualdades. Estas manifestaciones no solo movilizan a quienes ya están convencidos de la causa, sino que atraen la atención del público general y de aquellos en el poder que pueden, y deben, implementar cambios sustanciales.

En España, eventos como el Día Internacional de la Mujer han sido escenario de importantes movilizaciones. En esa fecha, miles de personas salen a las calles para exigir igualdad en todos los ámbitos, incluidas mejores condiciones laborales. Además, jornadas especiales, charlas y talleres organizadas por colectivos feministas y sindicatos sirven para educar y empoderar a mujeres trabajadoras, proporcionando herramientas para exigir sus derechos.

➲ **Relación con el sector privado:** un cambio significativo en los últimos años ha sido el reconocimiento por parte del sector privado de la importancia de la igualdad de género en el trabajo. Muchas empresas han comprendido que la diversidad y la inclusión no solo son éticas, sino también beneficiosas para el negocio. Los movimientos sociales han alentado y en ocasiones presionado para que estas empresas adopten planes de igualdad y ajusten sus prácticas laborales.

Esto ha llevado a una creciente adopción de programas corporativos que buscan reducir las brechas salariales, proporcionar oportunidades de formación y desarrollo profesional para mujeres, y establecer sistemas de monitoreo que aseguren la equidad interna. La presión por la transparencia es ahora una norma en crecimiento; cada vez más organizaciones publican informes sobre igualdad, lo que aumenta su responsabilidad ante la sociedad.

A pesar de los avances, los desafíos continúan. Las brechas salariales persisten y la violencia de género, el acoso y las microagresiones en el lugar de trabajo siguen siendo realidades demasiado comunes para muchas mujeres. Hay una necesidad continua de mantener la vigilancia, evaluar el impacto de las políticas ya implementadas y seguir buscando soluciones innovadoras.

Los movimientos sociales tienen ante sí la oportunidad de nutrirse de nuevos talentos y perspectivas, especialmente jóvenes activistas que llevan un **enfoque interseccional,** es decir, el que contempla no solo la desigualdad de género, sino también las interacciones con raza, clase, orientación sexual y otras identidades. Esta diversidad puede enriquecer aún más su capacidad de respuesta e innovación ante las persistentes desigualdades en el ámbito laboral.

4.3. Casos recientes de reivindicaciones de género

El siglo xxi ha sido testigo de numerosos cambios en temas de género y paridad en el entorno laboral en España, cambios que a menudo han sido impulsados por movimientos sociales que abogaban por la igualdad entre hombres y mujeres.

Entre los casos recientes de reivindicaciones de género que han cobrado relevancia —teniendo en cuenta el impacto y las implicaciones de estas acciones sobre las políticas laborales y los planes de igualdad en las empresas— se encuentran los siguientes:

 Las movilizaciones del 8 de marzo y su impacto laboral: el 8 de marzo, Día Internacional de la Mujer, ha experimentado un resurgir como jornada de reivindicación, ha supuesto un hito esencial en la lucha por la igualdad de género en España. Las manifestaciones de este día han adoptado, cada vez más, un carácter laboral, visibilizando la desigualdad en el trabajo y exigiendo cambios concretos. Un caso notable fue el paro internacional de mujeres del 8 de marzo de 2018, que contó con una participación masiva. Fue una huelga feminista que buscaba subrayar las divergencias salariales, la precariedad laboral femenina y la ausencia de mujeres en puestos de liderazgo. Los debates generados en torno a este evento forzaron a muchas empresas e instituciones a examinar y mejorar sus prácticas de igualdad laboral. Desde entonces, las compañías se han visto obligadas a incluir planes de igualdad más detallados y específicos, los cuales tratan de abordar las disparidades salariales y buscar medios eficaces de equilibrio entre trabajo y vida personal.

⮑ **La lucha contra la brecha salarial:** la brecha salarial de género sigue siendo una de las reivindicaciones centrales. En 2020, la Seguridad Social publicó algunos estudios estadísticos que revelaron una diferencia persistente de ingresos entre hombres y mujeres, lo que intensificó el debate sobre las políticas retributivas. En respuesta, se aprobaron leyes que obligaron a las empresas a registrar los salarios desagregados por género y a crear planes de igualdad para mitigar estas diferencias. Un ejemplo significativo fue el acuerdo en el convenio colectivo del sector de las telecomunicaciones: después de arduas negociaciones, se logró un compromiso para reducir activamente estas brechas, incorporando criterios de transparencia salarial y promoción igualitaria. Este cambio no solo crea un precedente, sino que también proporciona un marco de referencia para que otros sectores impulsen prácticas similares.

⮑ **Flexibilización laboral y corresponsabilidad:** uno de los aspectos más destacados de las recientes movilizaciones de género ha sido el énfasis en la flexibilización laboral y la corresponsabilidad. Se ha reconocido que la paridad no puede limitarse al salario, sino que debe integrarse en todas las facetas de la vida laboral. En 2019, una importante campaña liderada por varias organizaciones feministas desafió a las empresas a adoptar políticas de flexibilidad laboral y licencias parentales equitativas, sin que estas medidas afectaran las perspectivas de carrera. La empresa energética Iberdrola respondió con un plan innovador que ofrece extensas opciones de trabajo flexible y programas para facilitar la reincorporación después de licencias no tradicionales. Esta empresa es pionera en la implementación de políticas de corresponsabilidad.

⮑ **La incidencia de los medios y la cultura organizacional:** el influjo de los medios de comunicación ha sido crucial en la sensibilización sobre los problemas de género, ha catapultado al estrellato datos e historias de discriminación de género en el trabajo, que de otro modo podrían haber pasado desapercibidos. Un caso paradigmático fue la campaña contra la discriminación en medios de comunicación en 2021, en la cual varios presentadores relataron experiencias de desigualdad en sus propias empresas, lo que movilizó a miles a nivel nacional. Esta campaña funcionó como catalizador, ejerció presión sobre empresas mediáticas para que revisaran sus políticas internas de ascensos y contrataciones bajo la lupa de la igualdad de género.

- **Representación legal y denuncia de casos de acoso:** en los últimos años, los movimientos feministas han fortalecido la capacidad legal de las mujeres para enfrentarse a casos de acoso laboral, exigiendo un trato respetuoso y ambientes seguros de trabajo. La creación de un observatorio nacional para el seguimiento de casos de acoso sexual y discriminación laboral ha permitido no solo la obtención de estadísticas concretas sobre la frecuencia de estos eventos, sino que también ha facilitado vías legales de denuncia más accesibles. En 2022, un caso judicial por acoso dentro de una empresa de moda en Cataluña tuvo gran repercusión mediática, lo que incitó al sector a revisitar sus códigos de ética y sus procedimientos internos. Esta situación no solo sensibilizó al público en general sobre los abusos a los que muchas mujeres se enfrentan a diario, sino que también alentó a cientos de empresas a crear unidades de diversidad especializadas en detectar y tratar estos problemas.

- **Experiencias educativas y entrada en el mercado laboral:** la lucha reciente también ha abordado otros frentes, como la incorporación de la perspectiva de género en la educación y la formación profesional. Algunas iniciativas recientes en universidades y centros de formación vocacional buscan garantizar la ausencia de discriminación en la entrada y formación laboral, promoviendo la presencia femenina en sectores tradicionalmente masculinos. Ciertos programas de mentoría auspiciados por organizaciones no gubernamentales han logrado acompañar a jóvenes estudiantes en sus primeros años laborales —destaca el influjo positivo de modelos femeninos en carreras científicas y tecnológicas—. Un ejemplo reseñable fue la inauguración en 2023 de un programa destinado a despertar la vocación científica y tecnológica entre niñas de secundaria, logrado mediante la colaboración entre el Gobierno, ONGs y empresas tecnológicas.

- **Reformas legislativas promovidas por el contexto social:** la influencia de los movimientos por la igualdad de género se ha reflejado también en recientes cambios legislativos en España. Un caso emblemático fue la aprobación del Real Decreto-ley 6/2019, que aborda medidas urgentes para garantizar la igualdad de trato y de oportunidades entre mujeres y hombres en el empleo. Esta legislación fue notable por garantizar el acceso igualitario a salarios y condiciones de trabajo, y estableció nuevas obligaciones para las empresas en términos de desarrollar planes de igualdad. Este real decreto ley tuvo un especial impacto en el sector público, donde las estrategias para el balance de género experimentaron un marcado progreso. Las legislaciones inspiradas en movimientos recientes no solo han significado un avance en derechos, sino un terreno de batalla para futuros debates y reformas.

La igualdad laboral entre hombres y mujeres es una tarea en progreso que ha sido estimulada por una serie de casos y movimientos recientes, que continúan resonando en el ámbito político y empresarial español. Las reivindicaciones de género han forzado a un replanteamiento de prácticas históricamente injustas, inspirando legislaciones y planes de igualdad que buscan un equilibrio justo y duradero. A medida que los desafíos se aclaran, es crucial que tanto las instituciones como la sociedad civil permanezcan vigilantes para asegurar que las promesas de igualdad y justicia en el ámbito laboral se cumplan debidamente.

El día de la mujer trabajadora representa el reconocimiento internacional de la importancia de la mujer en el ámbito laboral.

5. Contenido de la LOIEMH

👉 HILO CONDUCTOR

Isabel es conocedora de que, tal y como ha indicado en numerosas ocasiones la UNESCO, el conocimiento es la llave que abre todas las puertas, puesto que permite implementar actuaciones para alcanzar los objetivos de la LOIEMH, pero también poder defender nuestros derechos cuando nos encontramos en situaciones de indefensión por el incumplimiento de esta.

La LOIEMH constituye un marco legislativo crucial para la promoción de la igualdad de género en España. Esta ley tiene como objetivo principal hacer efectivo el principio de igualdad de trato y de oportunidades entre mujeres y hombres, en particular, para eliminar la discriminación por razón de sexo en todos los ámbitos de la vida, y especialmente en lo referente al ámbito laboral.

La LOIEMH se estructura en un título preliminar de disposiciones generales y varias partes posteriores que, de manera detallada, abordan diversas cuestiones y principios de obligación, derechos y medidas para asegurar la igualdad efectiva.

Título preliminar: objeto y ámbito de la ley (art. 1-2)

El título preliminar define el objeto de la ley y marca las pautas para su aplicación. Este título establece que las mujeres y los hombres son iguales en derechos y deberes, por lo que la ley tiene como finalidad hacer efectivo el derecho de igualdad de trato y de oportunidades.

Título I: el principio de igualdad y la tutela contra la discriminación (art. 3 al 13)

La primera parte de la LOIEMH se enfoca en el reconocimiento y aplicación jurídica del principio de igualdad de trato entre hombres y mujeres. Establece que la igualdad entre hombres y mujeres es un principio informador del ordenamiento jurídico y se configura como un derecho universal. Además, obliga a todas las personas y organizaciones a respetar, proteger y cumplir con el derecho a la igualdad efectiva.

Junto a ello, define diversos conceptos:

- Principio de igualdad de trato entre mujeres y hombres (art. 3): *Supone la ausencia de toda discriminación, directa o indirecta, por razón de sexo, y, especialmente, las derivadas de la maternidad, la asunción de obligaciones familiares y el estado civil.*
- *Discriminación directa (art. 6.1): Se considera discriminación directa por razón de sexo la situación en que se encuentra una persona que sea, haya sido o pudiera ser tratada, en atención a su sexo, de manera menos favorable que otra en situación comparable.*
- *Discriminación indirecta (art. 6.2): Se considera discriminación indirecta por razón de sexo la situación en que una disposición, criterio o práctica aparentemente neutros pone a personas de un sexo en desventaja*

particular con respecto a personas del otro, salvo que dicha disposición, criterio o práctica puedan justificarse objetivamente en atención a una finalidad legítima y que los medios para alcanzar dicha finalidad sean necesarios y adecuados.

➲ *Acoso sexual (art. 7.1): Sin perjuicio de lo establecido en el Código Penal, a los efectos de esta ley constituye acoso sexual cualquier comportamiento, verbal o físico, de naturaleza sexual que tenga el propósito o produzca el efecto de atentar contra la dignidad de una persona, en particular cuando se crea un entorno intimidatorio, degradante u ofensivo.*

➲ *Acoso por razón de sexo (art. 7.2): Constituye acoso por razón de sexo cualquier comportamiento realizado en función del sexo de una persona, con el propósito o el efecto de atentar contra su dignidad y de crear un entorno intimidatorio, degradante u ofensivo.*

➲ *Discriminación por embarazo o maternidad (art. 8): Constituye discriminación directa por razón de sexo todo trato desfavorable a las mujeres relacionado con el embarazo o la maternidad.*

➲ *Indemnidad frente a represalias (art. 9): También se considerará discriminación por razón de sexo cualquier trato adverso o efecto negativo que se produzca en una persona como consecuencia de la presentación por su parte de queja, reclamación, denuncia, demanda o recurso, de cualquier tipo, destinados a impedir su discriminación y a exigir el cumplimiento efectivo del principio de igualdad de trato entre mujeres y hombres.*

➲ Acciones positivas (art. 11): *Medidas específicas en favor de las mujeres para corregir situaciones patentes de desigualdad de hecho respecto de los hombres. Tales medidas, que serán aplicables en tanto subsistan dichas situaciones, habrán de ser razonables y proporcionadas en relación con el objetivo perseguido en cada caso.*

Título II: políticas públicas para la igualdad (art. 14 al 35)

Se estructura en dos capítulos.

Capítulo I: principios generales (art. 14 al 22)

Establece los criterios generales de las Administraciones públicas, la transversalidad del principio de igualdad de trato entre mujeres y hombres, lo que significa que la igualdad de oportunidades debe ser incorporada en todas las políticas y procesos de toma de decisiones. Además, establece diversas medidas tendentes para alcanzar los criterios generales de actuación de las Administraciones públicas, como son:

- La presencia equilibrada de mujeres y hombres en los nombramientos y designaciones de los cargos de responsabilidad.
- La aprobación periódica de un plan estratégico de igualdad de oportunidades.
- La elaboración por parte del Gobierno de un informe periódico sobre el conjunto de actuaciones tendentes a alcanzar la igualdad.
- La elaboración de informes de impacto de género sobre proyectos de disposiciones de carácter general y los planes de especial relevancia económica, social, cultural y artística.
- La adecuación de estadísticas y estudios para que incluyan la perspectiva de género
- La colaboración entre Administraciones públicas.

Capítulo II: acción administrativa para la igualdad (art. 23 al 35)

Establece como actuación preferente la inclusión de la igualdad en diferentes esferas de la vida pública y privada, como son el sistema educativo, el sanitario, la sociedad de la información, los deportes, el desarrollo rural, las políticas urbanas, las de ordenación territorial y de la vivienda, y la cooperación para el desarrollo.

Por otro lado, establece que tanto en los contratos de las Administraciones públicas como en las subvenciones públicas se pueden establecer cláusulas administrativas particulares para promover la igualdad entre mujeres y hombres.

Título III: igualdad y medios de comunicación (art. 36 al 41)

Los artículos correspondientes a este capítulo centran su atención en el papel crucial que juegan los medios de comunicación en la percepción y perpetuación de estereotipos de género. La LOIEMH establece directrices para asegurar que los medios contribuyan positivamente a promover una imagen igualitaria y no estereotipada de mujeres y hombres. Se fomentan acciones dirigidas a sensibilizar a los profesionales de la comunicación y a promover la producción de contenidos inclusivos.

Título IV: el derecho al trabajo en igualdad de oportunidades (art. 42 al 50)

Regula la igualdad de trato y oportunidades en el ámbito laboral, así como aspectos relacionados con la conciliación, los planes de igualdad y otras medidas de promoción de la igualdad, así como el distintivo empresarial en materia de igualdad.

Capítulo I: igualdad de trato y de oportunidades en el ámbito laboral (art. 42 al 43)

Establece que las políticas de empleo tendrán como uno de sus objetivos prioritarios aumentar la participación de las mujeres en el mercado laboral mediante programas de inserción laboral activa, presentes en todos los niveles educativos y con independencia de la edad de las mujeres, tendentes a:

- ⮑ Mejorar su empleabilidad.
- ⮑ Aumentar la permanencia en el empleo, su formación y adaptabilidad a los requisitos del mercado laboral.

Además, recuerda que, conforme a la legislación existente, mediante la negociación colectiva se pueden establecer medidas de acción positiva.

Capítulo II: igualdad y conciliación (art. 44)

Establece que la conciliación persigue fomentar la asunción equilibrada de las responsabilidades familiares, evitando toda discriminación basada en su ejercicio. Además, crea el permiso de paternidad, para contribuir a un reparto más equilibrado de las responsabilidades familiares.

Capítulo III: los planes de igualdad de las empresas y otras medidas de promoción de la igualdad (art. 45 al 49)

Establece la obligación que tienen todas las empresas de 50 o más personas trabajadoras de elaborar un plan de igualdad de manera conjunta con los representantes de los trabajadores, así como la obligación de elaborar e implementar los mismos cuando así lo establezca el convenio colectivo. Además, establece el contenido de los planes de igualdad de las empresas, la transparencia en su implementación y el establecimiento de medidas tendentes a prevenir la comisión de delitos y otras conductas contra la libertad sexual y la integridad moral en el trabajo.

Capítulo IV: distintivo empresarial en materia de igualdad (art. 50)

El distintivo empresarial en materia de igualdad es un instrumento que pretende reconocer y estimular la labor de las empresas comprometidas por la igualdad. Está regulado mediante el Real Decreto 1615/2009, de 26 de octubre, donde se indica que es una marca de excelencia que otorga el ministerio con competencias en materia de igualdad de género que las empresas pueden utilizar en sus actividades comerciales. Además, existe un registro de empresas con distintivo "Igualdad en la empresa" al cual puede acceder la ciudadanía.

Título V: el principio de igualdad en el empleo público (art. 51 al 68)

Regula los criterios de actuación de las Administraciones públicas. Desarrolla aspectos regulados previamente y establece las medidas de igualdad en diferentes entidades de las Administraciones públicas.

Capítulo I: criterios de actuación de las Administraciones públicas (art. 51)

Está formado por un único artículo, que establece los criterios que deben guiar la actuación de las Administraciones públicas, en el ámbito de sus respectivas competencias, para aplicar el principio de igualdad. Entre estos criterios se encuentran, por ejemplo:

- Quitar obstáculos.
- Facilitar la conciliación.
- Evaluar periódicamente la efectividad del principio de igualdad.

Capítulo II: el principio de presencia equilibrada en la Administración General del Estado (AGE) y en los organismos públicos vinculados o dependientes de ella (art. 52 al 54)

Establece el nombramiento equilibrado de las personas titulares de los organismos directivos de la AGE y en los organismos públicos vinculados o dependientes de ella. Establece igualmente la paridad en los órganos de selección y comisiones de valoración.

Capítulo III: medidas de igualdad en el empleo para la AME y para los organismos vinculados o dependientes de ella (art. 55 al 64)

Establece diversas medidas, entre las que se encuentran:

- Elaboración de un informe de impacto de género en las pruebas de acceso al empleo público.
- Creación de permisos para favorecer la conciliación y proteger la maternidad
- Licencia por riesgo durante el embarazo y la lactancia.

➲ Acciones positivas en las actividades de formación.

➲ Protocolos de actuación frente al acoso sexual y al acoso por razón de sexo.

➲ Evaluación de la igualdad en el empleo público.

Capítulo IV: Fuerzas Armadas (art. 65 y 66)

Establece que el principio de igualdad entre mujeres y hombres se aplica al personal de las Fuerzas Armadas, como en su aplicación en relación con el personal de las Administraciones públicas.

Capítulo V: Fuerzas y Cuerpos de Seguridad del Estado (art. 67 y 68)

Establece que las normas reguladoras de las Fuerzas y Cuerpos de Seguridad del Estado deben promover la igualdad efectiva. Además, se establece que al personal de estas le es de aplicación la normativa elaborada para el personal de las Administraciones públicas relacionado con la igualdad efectiva.

Título VI: igualdad en el acceso a bienes y servicios de suministro (art. 69 al 72)

Establece la igualdad y la prohibición de discriminación en la suministración de bienes y servicios. Se establece, además, que ningún contratante podrá indagar sobre la situación de embarazo. Se prohíben las diferencias en el cálculo de primas y prestaciones basadas en el sexo.

Título VII: la igualdad en la responsabilidad social de las empresas (art. 73 al 75)

Además de establecer las medidas de responsabilidad social de las empresas en materia de igualdad y de su publicidad, establece la presencia equilibrada en los consejos de administración de las sociedades mercantiles.

Título VIII: disposiciones organizativas (art. 76 al 78)

Crea la Comisión Interministerial de Igualdad entre Mujeres y Hombres, así como la de unidades de igualdad y el Consejo de Participación de la Mujer.

NOTA

Junto a ello, la ley también establece una serie de disposiciones adicionales, transitorias derogatorias y finales que abarcan diferentes aspectos, como por ejemplo la modificación de la Ley Electoral para asegurar la paridad, de la Ley de Enjuiciamiento Civil, etc.

APLICACIÓN PRÁCTICA

Susana está impartiendo un curso sobre igualdad de género. Considera importante que el alumnado reconozca que determinadas actuaciones efectuadas para alcanzar la igualdad pueden ocasionar situaciones de desigualdad. Indícale cuál de las siguientes puede generar este tipo de situaciones.

- **Creación de un permiso por nacimiento parental.**
- **Imposibilidad de que las madres monoparentales puedan sumar al permiso marental el parental.**
- **Planes de igualdad.**
- **Todas las opciones son incorrectas.**

Solución

La opción correcta es la imposibilidad de que las madres monoparentales puedan sumar al permiso marental el parental. Tras diversas reclamaciones interpuestas por socias de la Asociación de Madres Solteras por Elección Propia, quienes consideraban la imposibilidad de unir a su permiso el permiso por nacimiento que hubiera correspondido al otro progenitor en caso de existir significaba un acto de discriminación, el caso llegó al Tribunal Constitucional, el cual, mediante la Nota Informativa 109/2024, declara inconstitucional que las madres biológicas de familias monomarentales no puedan ampliar su permiso por nacimiento y cuidado de hijo más allá de 16 semanas, puesto que el impacto de esa omisión, en la normativa de la Seguridad Social que regula los permisos, conlleva un impacto negativo en los niños y niñas nacidos en familias monomarentales. El Tribunal Constitucional indica que esta omisión normativa provoca una diferencia de trato por razón del nacimiento entre niños y niñas nacidos en familias monomarentales y biparentales.

5.1. Medidas específicas de igualdad

La igualdad de género en el ámbito laboral no solo es una cuestión de justicia social, sino también una necesidad para el desarrollo económico y el bienestar social. Disminuir las brechas de género requiere un esfuerzo integral que vincule a las empresas, los trabajadores, los sindicatos y el Gobierno.

Tradicionalmente, las diferencias de género en el trabajo se han escudado bajo una serie de factores históricos, culturales y estructurales. Las medidas específicas para la igualdad no deben ser solo conceptuales, sino que requieren concretarse en acciones tangibles, mediante políticas laborales efectivas, normativas claras y un seguimiento constante.

A continuación definiremos cuáles son las medidas específicas de igualdad.

Medidas para la igualdad salarial

Lograr la igualdad salarial es fundamental para la equidad en el trabajo. Las medidas más comunes en este ámbito incluyen:

➲ **Auditorías salariales.** Se requiere una revisión regular de las prácticas salariales para detectar y corregir diferencias injustificadas entre géneros. La transparencia salarial puede ayudar a disminuir las brechas, al obligar a las empresas a justificar las diferencias de retribución.
➲ **Revisión de descriptores de empleo.** Evaluar las descripciones de puestos y las escalas salariales para garantizar que no existan sesgos de género inherentes en la valoración de los roles laboralmente equivalentes.

Promoción de la diversidad en la contratación y el ascenso

La diversidad en todos los niveles laborales debe ser una prioridad. Se alcanza con actuaciones como:

➲ **Cuotas de género.** Implementadas en algunos sectores, como consejos directivos, para asegurar una representación mínima de mujeres. Las cuotas pueden ser transitorias pero esenciales para desmantelar barreras sistémicas de acceso y avanzar hacia una representación equilibrada.
➲ **Programas de mentoría.** Facilitan el desarrollo de talento femenino corriente arriba dentro de las organizaciones, lo cual mitiga las barreras que dificultan el ascenso de las mujeres a posiciones de liderazgo.

Conciliación de la vida laboral y familiar

Las estructuras laborales deben ofrecer flexibilidad y apoyo para equilibrar las responsabilidades familiares.

- **Horarios flexibles y teletrabajo:** promover esquemas flexibles permite a muchos trabajadores, especialmente a las mujeres, equilibrar trabajo y obligaciones familiares. El uso del teletrabajo debería potenciarse, siempre que se garantice que esto no interfiera en el reconocimiento profesional ni en las oportunidades de desarrollo.
- **Licencias parentales equitativas:** ofrecer tanto a padres como a madres la posibilidad de licencias extendidas y bien remuneradas es crucial. El diseño de estas licencias, que buscan involucrar a ambos padres, es esencial para fomentar la corresponsabilidad en el cuidado de los hijos.

Formación y sensibilización

La formación continua y el cambio de mentalidad son cruciales para luchar contra los estereotipos de género. Algunas medidas consisten en:

- **Capacitación en igualdad de género:** desarrollar programas que promuevan el entendimiento del sesgo de género dentro de la organización, dirigidos a todos los empleados y especialmente enfocados en la gestión.
- **Promoción de la inclusión en los currículums formativos:** asegurar que las capacitaciones y el desarrollo profesional incluyan módulos sobre igualdad de género para sensibilizar a las futuras generaciones de trabajadores.

Políticas antidiscriminatorias

Implementar y mantener firmes políticas para prevenir el acoso y la discriminación es crucial. Algunos ejemplos son:

- **Protocolo de actuación en casos de acoso:** las empresas deben contar con un procedimiento claro y accesible para manejar quejas por acoso sexual y laboral, lo que asegura protección y que los remedios son eficaces.
- **Política de tolerancia cero a la discriminación:** desarrollar lineamientos que promuevan el respeto y la igualdad dentro del lugar de trabajo, abordando tanto actitudes explícitas como implícitas.

Monitoreo y evaluación de medidas

Para que las medidas de igualdad sean efectivas, su implementación práctica requiere un seguimiento constante.

- **Criterios de evaluación cuantitativos y cualitativos:** establecer métricas claras y cuantificables para medir el impacto de las medidas de igualdad, tales como tasas de contratación, retención y promoción por género, evaluando también la satisfacción de los empleados.
- **Reportes y comunicación:** la publicación de informes regulares y sus respectivas evaluaciones contribuye a la transparencia, lo que facilita la rendición de cuentas y el mejoramiento de estas políticas

Implementación mediante la negociación colectiva

La negociación colectiva es un vehículo vital para implementar medidas de igualdad en el lugar de trabajo. Las cláusulas de igualdad en los convenios colectivos son un paso importante para traducir los principios en prácticas concretas. Negociadores sindicales y representantes de empleadores deben trabajar juntos para introducir cambios alineados con la normativa sobre igualdad de género.

Participación y diálogo social

Aunar esfuerzos de diálogo entre todos los actores involucrados es fundamental para asegurar la efectividad de las medidas de igualdad. Ello se consigue mediante:

- **Establecimiento de comités de igualdad:** estos grupos mixtos (empleadores y trabajadores) son plataformas adecuadas para la identificación de problemas específicos dentro de las organizaciones y para la cocreación de soluciones adaptadas a las necesidades observadas.
- **Consulta continua con representantes de los trabajadores:** incluir siempre la perspectiva y las necesidades de los trabajadores y sus representantes en la toma de decisiones ayuda a fabricar soluciones bien informadas y coherentes.

Planes de igualdad en la empresa

Es indispensable que cada empresa desarrolle un plan de igualdad personalizado conforme a su realidad y operativa. Algunas medidas consisten en:

⮩ **Diseño de planes de igualdad eficaces:** iniciar procesos de diagnóstico para identificar desigualdades dentro de la empresa y detectar áreas de mejora. El plan debe incluir objetivos concretos, un calendario de implementación y mecanismos para la revisión y actualización.

⮩ **Asignación de recursos y responsabilidades:** es fundamental que los planes cuenten con el respaldo de la dirección y que se garantice su correcto desarrollo mediante la asignación de recursos adecuados y responsables comprometidos.

5.2. Mecanismos de implementación y control

En el contexto de la igualdad de género en el ámbito laboral en España, y como culminación a los esfuerzos por integrar la igualdad de oportunidades en la negociación colectiva, es fundamental contar con mecanismos eficientes de implementación y control de los planes de igualdad. Estos mecanismos aseguran que las acciones y medidas específicas planteadas, indicadas previamente, no solo se lleven a cabo de forma efectiva, sino que también se mantengan en el tiempo y se ajusten a posibles cambios normativos, económicos o sociales.

Para comenzar, es esencial definir un marco claro de actuación donde se especifiquen las responsabilidades, las obligaciones y los roles de cada actor involucrado en el proceso. Tanto las empresas como los sindicatos, junto con otras partes interesadas, deben entender bien los objetivos y procedimientos asociados a los planes de igualdad. Esta claridad no solo facilita el cumplimiento, sino que también fomenta la transparencia y la confianza entre todas las partes. Entre los mecanismos de implementación y control se encuentran:

⮩ **Definición de roles y responsabilidades:** los planes de igualdad deben incluir especificaciones claras sobre quién será el responsable de la implementación y el seguimiento de las acciones planteadas. Esto incluye la designación de un comité de igualdad o responsable de igualdad en la empresa, cuyas funciones no solo se basen en la observancia y cumplimiento de las medidas, sino también en la proactividad para sugerir ajustes y mejoras. Además, es crucial que este comité esté compuesto por representantes de diferentes sectores y niveles dentro de la organización para asegurar una visión integral.

⮩ **Estipulación de procedimientos y herramientas de control:** el control efectivo de los planes de igualdad exige procedimientos claros y herramientas de medición adecuadas. Estos procedimientos podrían incluir la realización de auditorías internas regulares, las revisiones anuales de los avances logrados, y la elaboración de informes detallados sobre los resultados obtenidos. Las herramientas como encuestas, análisis de datos y entrevistas estructuradas resultan esenciales para obtener información sólida y precisa sobre el estado de implementación de las medidas.

- **Indicadores de evaluación:** la definición y el uso de indicadores de evaluación es fundamental para medir el progreso de los planes de igualdad de manera objetiva. Estos indicadores deben ser claros, medibles y relevantes para las acciones propuestas. Por ejemplo, la proporción de mujeres en posiciones de liderazgo, el cierre de la brecha salarial de género o la disminución de los casos de acoso laboral pueden servir como parámetros para evaluar el éxito de las acciones realizadas.

- **Mecanismos de retroalimentación:** la implementación efectiva de planes de igualdad no puede ser un proceso estático; por el contrario, debe estar sujeto a una evaluación continua que permita la retroalimentación y el ajuste constante de las acciones. Esto puede realizarse mediante la creación de canales formales de comunicación, como reuniones periódicas entre trabajadores, empleadores y representantes sindicales, encuestas internas sobre la percepción de las medidas de igualdad, y buzones de sugerencias donde se puedan proponer mejoras o señalar posibles obstáculos.

- **Apoyo institucional y normativo:** en el ámbito español, las normativas legales ofrecen un marco de apoyo crucial para la implementación y el control de los planes de igualdad. La Ley Orgánica 3/2007 para la igualdad efectiva de mujeres y hombres, junto con las normativas derivadas, proporciona directrices que deben ser observadas por las empresas y los organismos públicos. La aplicación adecuada de estas normativas es esencial para garantizar que los planes de igualdad no solo se elaboren, sino que se implementen con seriedad y compromiso por parte de todos los actores involucrados.

- **Capacitación y sensibilización:** la capacitación continua sobre cuestiones de género y la sensibilización sobre la importancia de la igualdad deben ser partes integrales del proceso de implementación y control de los planes de igualdad. Las actividades de sensibilización no solo deben dirigirse a los mandos medios y superiores, sino que también deben involucrar a todos los niveles de la organización para asegurar el conocimiento y el compromiso generalizados. La formación puede cubrir temas como el liderazgo inclusivo, la resolución de conflictos de género y la importancia de la diversidad en la toma de decisiones.

- **Incentivos y sanciones:** la creación de incentivos para el cumplimiento exitoso de los planes de igualdad puede motivar a las organizaciones a adherirse de manera más rigurosa a los compromisos asumidos. Estos incentivos pueden incluir reconocimientos públicos, distinciones especiales o beneficios fiscales para las empresas que demuestren un cumplimiento destacado y mejorías en sus parámetros de igualdad. Por otro lado, la implementación de un sistema de sanciones es igualmente importante para penalizar el incumplimiento deliberado o negligente de las medidas de igualdad acordadas. Las sanciones deben ser proporcionales, justas y bien comunicadas para actuar como un disuasivo eficaz.

- **El papel de la Inspección de Trabajo:** La Inspección de Trabajo y Seguridad Social en España desempeña un papel crucial en el control del cumplimiento de las normativas de igualdad de género en el empleo. Su capacidad para realizar inspecciones, evaluar la validez y aplicación de los planes de igualdad, y aplicar sanciones cuando sea necesario, es esencial para asegurar que las políticas no queden solo en el papel, sino que se traduzcan en cambios positivos reales dentro del ambiente laboral.

- **Implicación de los comités de empresa y los sindicatos:** como entes representativos de los intereses de los trabajadores, los comités de empresa y los sindicatos deben jugar un papel activo en la implementación y el control de los planes de igualdad. Su participación puede ser efectiva en la negociación inicial de planes, la monitorización de su implementación y el ajuste según sea necesario. Al estar en contacto cercano con los empleados, pueden facilitar la retroalimentación, que es esencial para la evaluación continua de las medidas aprobadas.

- **Participación de ONGs y expertos externos:** la inclusión de organizaciones no gubernamentales y de expertos externos en las auditorías de igualdad y evaluaciones proporcionan una mirada imparcial y especializada que puede enriquecer los procesos de implementación y control. Estas entidades pueden ofrecer asesoramiento, validación de resultados y propuestas innovadoras para superar obstáculos en el camino hacia la igualdad laboral.

- **Transparencia y Comunicación Pública:** la transparencia en la comunicación de los avances, logros y desafíos encontrados durante la implementación de los planes de igualdad es imprescindible. Publicar los informes de evaluación, los procesos seguidos y los resultados obtenidos en plataformas accesibles para todos los empleados, partes interesadas y el público en general, refuerza el compromiso de la organización con la igualdad de género y fomenta un ambiente de responsabilidad colectiva.

- **Revisión y ajuste continuo:** ningún plan de igualdad es perfecto desde su concepción, por lo tanto la revisión constante y el ajuste periódico son necesarios para adaptar las acciones a los cambios internos y externos de la organización. Este proceso constante de ajuste asegura que las medidas sigan siendo relevantes y efectivas en la consecución de una verdadera igualdad de oportunidades entre hombres y mujeres en el entorno laboral.

IMPORTANTE

En suma, los mecanismos de implementación y control son la columna vertebral que sostiene el compromiso con la igualdad de género en el ámbito laboral. Solo a través de un abordaje estructurado, responsable y participativo será posible alcanzar los objetivos deseados de igualdad en todas las esferas de la vida laboral. A medida que las organizaciones avanzan en la implementación de estas medidas, continúan contribuyendo a construir un tejido social más justo e inclusivo, adaptado a las realidades contemporáneas, y fiel a los principios de igualdad y equidad de género.

----

6. Título cuarto: derecho al trabajo en igualdad de oportunidades

☞ HILO CONDUCTOR

Dentro de la LOIEMH, el título IV representa un gran avance en materia de igualdad de oportunidades. Por ello, Isabel decide ahondar en su contenido, para favorecer la igualdad de oportunidades en las empresas.

El derecho al trabajo en igualdad de oportunidades es un principio fundamental en la construcción de una sociedad equitativa e inclusiva. Dentro del marco legal español, la igualdad de oportunidades en el ámbito laboral se erige como un pilar esencial para erradicar la discriminación y promover la justicia social, que ha evolucionado a lo largo del tiempo. Hay dos perspectivas:

- **Perspectiva histórica:** el reconocimiento del derecho al trabajo en igualdad de oportunidades ha evolucionado a lo largo de los años, hasta asentarse firmemente en el ordenamiento jurídico español y europeo. La Constitución española de 1978 establece, en su artículo 14, lo siguiente: *Los españoles son iguales ante la ley, sin que pueda prevalecer discriminación alguna por razón de nacimiento, raza, sexo, religión, opinión o cualquier otra condición o circunstancia personal o social.* El artículo 35 consagra el derecho al trabajo y a una remuneración suficiente para satisfacer las necesidades del trabajador y su familia, y subraya el derecho de todo ciudadano a tener las mismas oportunidades laborales sin discriminación.

En Europa, el Tratado de Funcionamiento de la Unión Europea habla en el artículo 157 de la igualdad de retribución por un trabajo de igual valor entre hombres y mujeres, promoviendo medidas de carácter positivo para la eliminación de la desigualdad existente. La Directiva 2006/54/CE también acentuó la igualdad de trato entre hombres y mujeres en el acceso al empleo, la formación y la promoción profesionales, y en las condiciones de trabajo.

➲ **Perspectiva actual:** el análisis del escenario contemporáneo en España revela que, pese a los avances legislativos, persisten brechas significativas que afectan la igualdad de oportunidades laborales entre hombres y mujeres. La segmentación del mercado laboral, la desigualdad en las tasas de participación, la disparidad salarial y el acceso diferenciado a posiciones de liderazgo son indicadores que necesitan atención continua, tanto por parte del Estado como de los agentes sociales involucrados.

El compromiso hacia la igualdad requiere un enfoque integral que no solo contemple la eliminación de prácticas discriminatorias, sino que también promueva procesos de sensibilización y educación en igualdad. Especial atención deben recibir aquellos colectivos que, aun dentro del grupo femenino, están expuestos a vulnerabilidades adicionales, tales como mujeres migrantes, discapacitadas o aquellas de grupos étnicos minoritarios.

La LOIEMH persigue eliminar los siguientes aspectos:

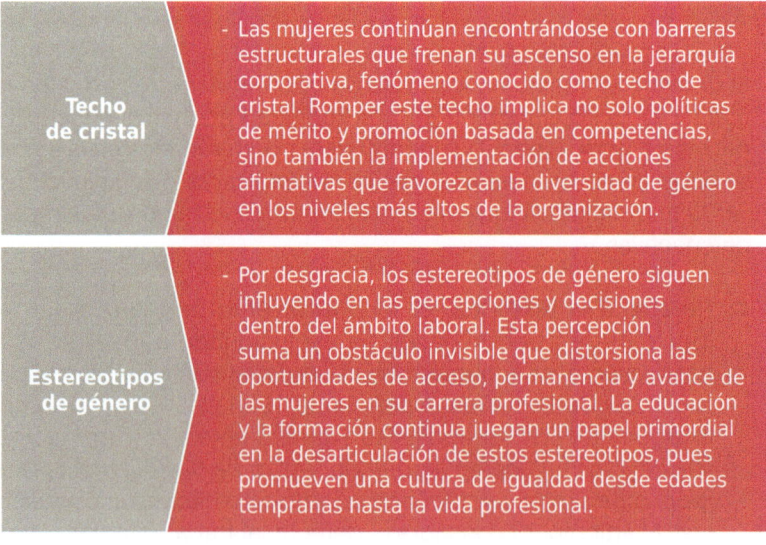

Techo de cristal
- Las mujeres continúan encontrándose con barreras estructurales que frenan su ascenso en la jerarquía corporativa, fenómeno conocido como techo de cristal. Romper este techo implica no solo políticas de mérito y promoción basada en competencias, sino también la implementación de acciones afirmativas que favorezcan la diversidad de género en los niveles más altos de la organización.

Estereotipos de género
- Por desgracia, los estereotipos de género siguen influyendo en las percepciones y decisiones dentro del ámbito laboral. Esta percepción suma un obstáculo invisible que distorsiona las oportunidades de acceso, permanencia y avance de las mujeres en su carrera profesional. La educación y la formación continua juegan un papel primordial en la desarticulación de estos estereotipos, pues promueven una cultura de igualdad desde edades tempranas hasta la vida profesional.

 **DEFINICIÓN**

Estereotipos de género

Según la Oficina del Alto Comisionado de los Derechos Humanos de las Naciones Unidas, consiste en una visión generalizada o una idea preconcebida sobre los atributos o las características, o los papeles que poseen o deberían poseer o desempeñar las mujeres y los hombres. Un estereotipo de género es perjudicial cuando limita la capacidad de las mujeres y los hombres para desarrollar sus capacidades personales, seguir sus carreras profesionales y/o tomar decisiones sobre sus vidas.

Además, la norma también incide sobre los roles de género, que consisten en poner en práctica los estereotipos de género.

 **DEFINICIÓN**

Roles de género

Son papeles, funciones, actividades o características que se atribuyen a hombres y mujeres, y que definen el comportamiento que la sociedad espera de cada uno de ellos y cada una de ellas.

 ACTIVIDAD COMPLEMENTARIA

3. Localiza diferentes acuerdos internacionales ratificados por España, así como normas internacionales de obligado cumplimiento en nuestro país que conlleven la obligatoriedad de realizar actuaciones contra los estereotipos.

APLICACIÓN PRÁCTICA

Isabel está impartiendo un curso sobre igualdad de género y considera importante que las personas conozcan las diferentes existentes entre los roles de género y los estereotipos de género, como medida para acabar con ellos. Identifica cuál de las siguientes afirmaciones recoge roles de género.

- **Las mujeres son sensibles. / Los hombres no lloran.**
- **Las mujeres trabajan en casa. / Los hombres trabajan fuera del domicilio.**
- **Las mujeres son dulces, sacrificadas, resignadas, etc. / Los hombres son autoritarios, competitivos, con poder de decisión, etc.**

Solución

Las mujeres son dulces, sacrificadas, resignadas, etc. / Los hombres son autoritarios, competitivos, con poder de decisión, etc.

Los estereotipos son ideas generalizadas, transmitidas generación tras generación, fuertemente arraigadas y, por ello, difíciles de cambiar sin una intervención pública. Los derivan los roles de género que sitúan en planos diferentes a hombres y mujeres en virtud de los que se considera femenino o masculino.

Por todo ello, a lo largo de este título se establecen los siguientes instrumentos y mecanismos para garantizar la igualdad de oportunidades:

- **Programas para mejorar la empleabilidad de las mujeres:** el artículo 42 de la Ley Orgánica 3/2007, de 22 de marzo, establece lo siguiente:

  1. *Las políticas de empleo tendrán como uno de sus objetivos prioritarios aumentar la participación de las mujeres en el mercado de trabajo y avanzar en la igualdad efectiva entre mujeres y hombres. Para ello, se mejorará la empleabilidad y la permanencia en el empleo de las mujeres, potenciando su nivel formativo y su adaptabilidad a los requerimientos del mercado de trabajo.*
  2. *Los programas de inserción laboral activa comprenderán todos los niveles educativos y edad de las mujeres, incluyendo los de Formación Profesional, las escuelas-taller y las casas de oficios, dirigidos a personas en desempleo, se podrán destinar prioritariamente a colectivos específicos de mujeres o contemplar una determinada proporción de mujeres.*

- **Planes de igualdad:** los planes de igualdad son instrumentos estratégicos en los que se concretan las actuaciones para corregir las desigualdades de género detectadas en el ámbito laboral. Según la Ley Orgánica 3/2007 para la Igualdad Efectiva de Mujeres y Hombres, las empresas están obligadas a adoptar medidas dirigidas a evitar cualquier tipo de discriminación laboral entre mujeres y hombres, especialmente a elaborar y aplicar un plan de igualdad cuando cuenten con más de 50 trabajadores. Un plan de igualdad efectivo debe incluir un diagnóstico previo de la situación de la empresa, fijar objetivos específicos, establecer medidas que aplicar y definir un sistema de seguimiento y evaluación. La participación de los trabajadores, sindicatos y comités de empresa en la elaboración y seguimiento del plan es vital para garantizar su éxito y adherirse a las necesidades reales de los empleados, así como para fomentar un ambiente laboral de cooperación y respeto mutuo.
- **Negociación colectiva:** la negociación colectiva se presenta como otro mecanismo significativo en la promoción de la igualdad de oportunidades. A través de convenios colectivos, es posible incluir cláusulas que promuevan la igualdad efectiva y mitiguen las diferencias aún presentes en las condiciones de trabajo, acceso al empleo, retribuciones y promoción profesional.

  La negociación colectiva permite adaptar los principios generales de igualdad a las circunstancias específicas de cada sector industrial o de servicios, proporcionando soluciones personalizadas y más efectivas. La inclusión de cláusulas de igualdad en los convenios colectivos no solo beneficia a las mujeres, sino que también refuerza la cohesión laboral, reduce la conflictividad y aumenta la productividad empresarial.
- **Conciliación de la vida laboral y familiar:** La conciliación entre la vida laboral y la personal es otro punto crítico, especialmente para las mujeres, quienes generalmente asumen la mayoría de las responsabilidades familiares y del hogar. Las políticas de conciliación, como horarios flexibles, teletrabajo y períodos de maternidad y paternidad igualitarios, son medidas fundamentales que las empresas pueden implementar para facilitar el equilibrio entre la vida profesional y la personal.
- **Distintivo empresa en materia de igualdad:** persigue reconocer la labor de las empresas que implementan actuaciones que van más allá de las obligaciones legales para asegurar la igualdad entre mujeres y hombres.

 **VÍDEO**

En el siguiente vídeo puedes ver la presentación del Informe "Estereotipos sexistas en la publicidad de juguetes: situación y evolución". Puedes visualizarlo desde aquí:

https://redirectoronline.com/sscg050po0102

 ACTIVIDAD COMPLEMENTARIA

4. Localiza diferentes programas de inserción laboral que existen para las mujeres y que son financiados por organismos públicos en España.

6.1. Disposiciones generales del título cuarto

El establecimiento de un marco normativo claro y equitativo es fundamental para garantizar la igualdad de oportunidades entre hombres y mujeres en el ámbito laboral. Las disposiciones generales de este título se centran en crear un sistema robusto que asegure la implementación de políticas de igualdad a través de la negociación colectiva en España, puenteando los vacíos legislativos y promoviendo la inclusión en todos los niveles de la empresa. Por ello, a lo largo de su articulado recoge aspectos que podemos incluir en alguna de las siguientes categorías:

◯ **Principios rectores:** el delito de discriminación por razón de género en el empleo se sitúa en contradicción con los principios constitucionales de igualdad y no discriminación. En este sentido, las disposiciones generales de este título abogan por un enfoque transversal que garantice que la igualdad de género sea un principio rector en todas las estrategias corporativas, políticas de recursos humanos y procesos de toma de decisiones dentro de las organizaciones. La formación y sensibilización de todos los actores involucrados es fundamental para instaurar un cambio cultural significativo y duradero que sustente la igualdad de oportunidades desde la raíz.

● **Objetivos:** uno de los objetivos centrales es impulsar el desarrollo de planes de igualdad efectivos que se integren de forma orgánica en las dinámicas laborales de cada empresa. Estos planes no deben ser meramente declarativos, sino que deben tener objetivos claros, medibles y alcanzables, con un fuerte énfasis en la evaluación de su cumplimiento y la adaptación continua. Cada empresa, según su tamaño y su sector, debe identificar y abordar los obstáculos específicos que limitan la igualdad, ya sea a través de la brecha salarial, la segregación laboral o la representación desigual en roles directivos.

Estas disposiciones también se extienden a cubrir ámbitos de actuación específicos, tales como la conciliación de la vida laboral y familiar, el fomento de medidas contra el acoso sexual y por razón de género, y la promoción de una cultura de respeto y valorización de la diversidad en los equipos de trabajo.

● **Marco jurídico y normativo:** en el contexto legal, las disposiciones generales refuerzan y se hacen eco de las normativas nacionales e internacionales vigentes, pero además crean una serie de derechos y obligaciones. El título IV de la Ley Orgánica 3/2007, para la igualdad efectiva de mujeres y hombres:

◗ Aborda las recomendaciones del Pacto Europeo para la Igualdad de Género y otras similitudes a nivel internacional.

◗ Impulsa la convergencia de legislación y praxis entre los Estados miembros de la Unión Europea, junto con el pleno acatamiento y aplicación de las directivas comunitarias.

◗ Establece una serie de obligaciones, entre la que se encuentra la obligación de las empresas de más de 50 trabajadores de implementar planes de igualdad, debiendo estas, con el apoyo negociador de los representantes laborales, someter estos planes a revisiones periódicas, y transmitir a la autoridad laboral competente los resultados y medidas adoptadas.

● **Mecanismos de seguimiento y evaluación:** la garantía de que las políticas de igualdad se implementen de manera efectiva pasa por la creación de mecanismos sistemáticos de seguimiento y evaluación. Esto implica medir el progreso regularmente, identificar posibles desviaciones o retos emergentes, y ajustar las estrategias conforme a la dinámica de los contextos específicos de cada organización.

Estos mecanismos deben incluir la recolección y el análisis de datos desglosados por sexo, para dar visibilidad a los aspectos en que las desigualdades aún persisten y poder abordarlas con medidas precisas. Igualmente, la inclusión de informes anuales de progreso en materia de igualdad accesibles a toda la plantilla y a los organismos reguladores es indispensable para fomentar la transparencia y la responsabilidad corporativa.

➲ **Fomenta la asunción de responsabilidad y la formación:** un elemento adicional de importancia es la determinación clara de las responsabilidades que deben asumir las entidades corporativas y los comités de igualdad dentro de estas. La formación continua en igualdad de género para directivos, mandos intermedios y personal en general no debe subestimarse, ya que facilita la generación de un entorno inclusivo y sensibilizado, fundamental para detectar y erradicar prácticas discriminatorias. En este contexto, se advierte la importancia de los fondos y recursos asignados, tanto humanos como materiales, para asegurar la implementación eficaz de las políticas de igualdad. Es esencial la responsabilidad para el cumplimiento normativo por todos los integrantes de la cadena productiva y de los entornos empresariales.

A pesar de los avances, la efectiva implementación de las políticas de igualdad se enfrenta a diversos desafíos estructurales y culturales. Entre ellos podemos distinguir los siguientes:

Resistencia al cambio
- Las organizaciones a menudo se resisten al cambio, debido a estereotipos de género arraigados, falta de conciencia de género o, a veces, falta de voluntad política. Asimismo, hay sectores económicos que ofrecen más resistencia que otros, por lo cual las campañas de sensibilización y la conciencia pública sobre la importancia de la igualdad deben ser fortalecidas y promovidas ininterrumpidamente.

Críticas a los mecanismos de conciliación
- Particularmente críticos son los mecanismos de conciliación, necesarios para permitir a los trabajadores equilibrar los requerimientos de su vida laboral con sus responsabilidades familiares, un área en la cual las medidas proactivas de los empleadores pueden tener un impacto significativo.

 **RECUERDA**

Las disposiciones generales del título cuarto destinan sus esfuerzos a consolidar un marco de acción que vertebre la implementación eficaz de políticas de igualdad de género en la negociación colectiva: parten de un diagnóstico preciso sobre las barreras existentes, proponen cambios estructurales y aseguran revisiones periódicas y transparencia. El objetivo es alcanzar una presencia equitativa de mujeres y hombres en todas las áreas y niveles de la esfera laboral, y desarrollar una cultura de respeto y reconocimiento hacia la diversidad que enriquezca el entorno laboral y la competitividad.

6.2. Derechos y obligaciones de los empleadores

En el marco de la igualdad de oportunidades entre mujeres y hombres en el ámbito laboral en España, resulta crucial analizar detenidamente los derechos y las obligaciones de los empleadores, con el fin de fomentar un entorno de trabajo inclusivo, justo y equitativo.

El derecho fundamental sobre el que se asientan las obligaciones de los empleadores es el de las condiciones laborales justas y equitativas, garantizado tanto por la Constitución española como por diversas legislaciones laborales. En este sentido, los empleadores tienen la facultad de dirigir la actividad laboral de sus trabajadores, siempre que lo hagan respetando los derechos fundamentales de estos últimos. Además del derecho a no ser discriminado por razón de género, existen otras circunstancias sobre las que tampoco pueden actuar de manera discriminatoria. Entre las diversas discriminaciones que deben evitar se encuentran las referidas a:

| Orientación sexual | Edad | Discapacidad | Minoría étnica |

✎ ACTIVIDAD COMPLEMENTARIA

5. Indica acciones positivas tendentes a eliminar la discriminación por alguna de las razones indicadas previamente.

La promoción de la igualdad de trato y de oportunidades entre mujeres y hombres en el ámbito laboral es una obligación legal para los empleadores. Esta obligación implica evitar toda forma de discriminación directa o indirecta que pueda producirse en el contexto laboral. Según la Ley Orgánica para la Igualdad Efectiva de Mujeres y Hombres, los empleadores deben realizar actuaciones relacionadas con la desigualdad de género tendentes a:

- **Prevenir:** es fundamental que los empleadores implementen políticas que eviten cualquier tipo de discriminación, ya sea directa o indirecta. Esto abarca desde el acceso al empleo hasta la promoción, formación y retribución económica de los trabajadores. El diseño de procesos de selección y desarrollo de carrera debe ser transparente y basado en criterios objetivos que no incluyan sesgos de género.
  Por otro lado, es responsabilidad de los empleadores implementar protocolos y procedimientos internos para prevenir y actuar de manera efectiva frente a cualquier forma de acoso en el entorno laboral. Esto implica formar al personal adecuadamente y establecer cauces claros para la denuncia y resolución de estos conflictos.
- **Detectar:** las empresas deben establecer protocolos que permitan identificar cualquier situación que genere discriminación por razón de sexo, entre los que se encuentran los protocolos para detectar el acoso sexual.
- **Corregir:** las empresas, especialmente aquellas con más de 50 empleados, están obligadas a elaborar y aplicar un plan de igualdad. Este plan es una herramienta esencial para lograr la igualdad de trato y oportunidades, por lo que debe ser desarrollado en colaboración con los representantes de los trabajadores. Debe incluir medidas específicas y fechas de implantación para rectificar cualquier desigualdad que se detecte.

Además, la promoción de la conciliación de la vida laboral y familiar es un aspecto crucial del ámbito de igualdad de género en el trabajo. Los empleadores deben facilitar la adopción de horarios flexibles, teletrabajo cuando sea posible y permisos parentales tanto para hombres como para mujeres. Estos permisos deberían ser diseñados de manera que fomenten un reparto equitativo de las responsabilidades familiares.

Aunque los empleadores tienen muchas responsabilidades en términos de promover la igualdad, también poseen derechos que les asisten en el desarrollo de su actividad empresarial:

- **Dirección y organización del trabajo:** los empleadores tienen derecho a dirigir y organizar el trabajo en la empresa, siempre siguiendo los principios legales de inclusión y no discriminación. Este derecho les permite establecer reglas organizativas, definir funciones y gestionar la actividad económica, siempre y cuando se respeten los derechos laborales de los empleados.
- **Evaluación del desempeño y establecimiento de criterios de promoción:** es derecho de los empleadores evaluar el desempeño de sus empleados y establecer criterios de promoción. Sin embargo, estos deben ser objetivos y basados en méritos y capacidades, evitando cualquier tipo de desigualdad o trato injusto por razón de género. Para garantizar un entorno laboral equitativo y libre de discriminación, los empleadores tienen acceso a una serie de herramientas y medidas, que son tanto obligatorias como recomendadas:

  - **Auditorías salariales:** estas auditorías son fundamentales para identificar y corregir cualquier disparidad injustificada entre los salarios de hombres y mujeres. El análisis debe considerar diversos factores, como el nivel de responsabilidad, la formación y la experiencia, para asegurar una comparación justa.
  - **Formación en igualdad de género:** las sesiones de formación dirigidas a todos los niveles de la organización son esenciales para sensibilizar y educar a los empleados y directivos sobre la importancia de la igualdad de género en el trabajo. Este tipo de formación ayuda a desafiar y desmantelar prejuicios culturales y estereotipos de género que a menudo subyacen en las desigualdades.
  - **Fomento de la corresponsabilidad:** los programas que fomentan la corresponsabilidad en las tareas domésticas y el cuidado de los hijos entre hombres y mujeres contribuyen a equilibrar la carga laboral en el hogar. Permiten a todos los trabajadores una mayor dedicación y crecimiento en su vida profesional.

Por todo ello, podemos afirmar que, en el contexto de negociación colectiva, los empleadores juegan un papel clave en la promoción de la igualdad de género. Mediante la negociación colectiva se establecen acuerdos entre las empresas y los representantes de los trabajadores sobre las condiciones de trabajo, que conllevan lo siguiente:

Incorporación de las cláusulas de igualdad
- Durante la negociación colectiva, es fundamental incluir cláusulas que promuevan la igualdad de oportunidades. Estos acuerdos pueden abordar temas como la formación profesional, la promoción interna y los procedimientos para prevenir el acoso laboral.

Supervisión y revisión de los acuerdos
- Una vez establecidos, los acuerdos deben ser supervisados y revisados regularmente para comprobar su eficacia en la promoción de la igualdad de género y ajustar las estrategias si es necesario.

Participación de los trabajadores
- Los empleadores deben garantizar la participación de los representantes de los trabajadores en la creación y revisión de los acuerdos de negociación colectiva, fomentando un diálogo continuo y abierto sobre la igualdad de género.

TAREA 4

José Luis tiene una empresa manufacturera con 100 trabajadores y ha realizado una auditoría interna de igualdad de género. Mediante la misma comprobó la existencia de una brecha salarial significativa entre ciertos roles ocupados predominantemente por hombres. Indica qué respuesta consideras que sería la adecuada.

6.3. Desarrollo normativo del título IV: derecho al trabajo en igualdad de oportunidades

La aprobación de la LOIEMH conlleva, entre otros aspectos, la existencia del principio de transversalidad, el cual motiva que todas las normas y las políticas públicas tengan en cuenta, de manera activa, la finalidad de alcanzar la igualdad efectiva entre mujeres y hombres.

En el ámbito laboral, aspecto regulado en el título IV de la LOIEMH, tal y como se ha indicado previamente, se establecen una serie de medidas para garantizar:

> La igualdad en el acceso al empleo, la formación y la promoción profesional

> La igualdad de condiciones laborales

Para alcanzar estos objetivos, se introducen diversas modificaciones, que requieren modificar preceptos legales vigentes. Por ello, entre otras, se modifican:

⮑ **El Estatuto de los Trabajadores: Real Decreto 2/2015, de 23 de octubre, por el que se aprueba el Texto Refundido de la Ley del Estatuto de los Trabajadores:** esta norma, a lo largo de su articulado, regula aspectos como:

○ La NO discriminación en las relaciones laborales (art. 17): en él, entre otros aspectos se recoge:

⇕ La nulidad de los actos discriminatorios y los fundamentados en represalias ante reclamaciones efectuadas para exigir el cumplimiento del principio de igualdad de trato y no discriminación

⇕ La posibilidad del establecimiento legal de exclusiones, reversas y preferencias en el empleo para facilitar la colocación de trabajadoras/es demandantes de empleo

⇕ La posibilidad de que mediante la negociación colectiva se establezcan medidas de acción positiva que incluyan reservas y preferencias en las condiciones de contratación.

○ La igualdad retributiva por razón de sexo (art. 28): se establecen medidas para luchar contra la desigualdad retributiva.

○ Modificaciones en la ordenación y prestación de la jornada laboral para hacer efectivo el derecho a la conciliación (art. 34).

○ Aspectos relacionados con la Excedencia (art. 46), la excedencia conlleva la suspensión del contrato de trabajo y su duración varía en función de la causa de esta:

a. Por un período no superior a 3 años para el cuidado de hijas/os.

b. Por un período no superior a 2 años para el cuidado del cónyuge, pareja de hecho o familiar hasta 2° grado de consanguineidad.

○ Aspectos relacionados con la maternidad y paternidad (art. 48 y 48 bis): en ellos se regula el permiso de maternidad y paternidad. Además, en el articulado se establece que será nulo la resolución por parte del empresario para rescindir el contrato durante el período de prueba por razones de embarazo o maternidad.

◷ Establece que el comité de empresa, entre otras, tiene que ser informado de la aplicación del derecho de igualdad de trato y tiene que realizar funciones de vigilancia para asegurar el cumplimiento de dicho derecho en la empresa.

◷ La obligación de negociar y de incluir medidas dirigidas a promover la igualdad de trato en los convenios colectivos (art. 82): durante la negociación colectiva, es fundamental incluir cláusulas que promuevan la igualdad de oportunidades. Estos acuerdos pueden abordar temas como la formación profesional, la promoción interna y los procedimientos para prevenir el acoso laboral.

◷ La obligación de que la autoridad laboral vele por el principio de igualdad, recabando el asesoramiento del organismo nacional o autonómico que tenga entre sus funciones velar por la igualdad de trato y no discriminación.

- **Ley General de Seguridad Social (Real Decreto 8/2015, de 30 de octubre, por el que se aprueba el Texto Refundido de la Seguridad Social):** regula diversos aspectos, entre ellos se encuentran:

◷ La prestación de riesgo durante el embarazo en los términos establecidos en la Ley de Prevención de Riesgos Laborales, es decir, se produce cuando, tras la determinación de la naturaleza, grado y duración de la trabajadora embarazada o parto reciente a agentes, procedimientos o condiciones que pueden afectar negativamente a la salud de la embarazada o al feto y las mismas no pueden modificarse, se reconoce una prestación económica para la mujer a la par que se suspende el contrato. La gestión y el pago de la prestación la realiza el Instituto Nacional de la Seguridad Social.

◷ La prestación de riesgo durante la lactancia natural: en los términos establecidos en la Ley de Prevención de Riesgos Laborales se reconoce a las mujeres a las que se ha reconocido la prestación de riesgo durante el embarazo. La duración máxima es de 9 meses.

◷ La prestación económica por nacimiento y/o cuidado del menor: unifica las prestaciones de maternidad y paternidad desde 2019 en su modalidad contributiva, protege los permisos de descanso y permisos y son gestionadas por el INSS.

◷ Subsidio especial de maternidad y/o paternidad: se establece para el/ la progenitor/a que cumple con todos los requisitos para acceder a la prestación contributiva salvo el de período de carencia.

◷ Establece que los períodos de excedencia las personas trabajadoras se considerarán cotizados con el 100 % de la base reguladora, por lo que, en el caso de que se solicite la misma tras haber reducido la jornada laboral, la base reguladora se amplía para alcanzar el 100 % de la base reguladora.

● **Ley de Prevención de Riesgos Laborales (Ley 31/1995, de 8 de noviembre, de Prevención de Riesgos Laborales):** la LO 3/2007, de 22 de marzo, modifica entre otros aspectos:

    ◑ Los objetivos que persigue la prevención de riesgos laborales, añadiendo a los mismos: *Las Administraciones públicas promoverán la efectividad del principio de igualdad entre mujeres y hombres, considerando las variables relacionadas con el sexo tanto en los sistemas de recogida y tratamiento de datos como en el estudio e investigación generales en materia de prevención de riesgos laborales, con el objetivo de detectar y prevenir posibles situaciones en las que los daños derivados del trabajo puedan aparecer vinculados con el sexo de los trabajadores.* (art 5.4)

    ◑ La protección de la maternidad y durante la lactancia en los términos indicados previamente.

● **Ley de Medidas para la Reforma de la Función Pública (Ley 30/1984, de 2 de agosto, de medidas para la reforma de la función pública):** la LO 3/2007, de 22 de marzo, modifica:

    ◑ Las situaciones en las que pueden encontrarse las personas funcionarias. Se reconoce la situación de excedencia y la excedencia por razón de violencia de género.

    ◑ Los permisos por causas justificadas, añadiendo el permiso de paternidad y el de lactancia para para un hijo menor de 12 meses, la reducción de la jornada laboral. Además, regula el permiso de maternidad.

● **Ley de Infracciones y Sanciones de Orden Social (Real Decreto Legislativo 5/2000, de 4 de agosto, por el que se aprueba el Texto Refundido de la Ley de Infracciones y Sanciones en el Orden Social):** esta ley regula las infracciones administrativas en el orden social, es decir, las acciones u omisiones de las personas responsables. Establece tipificaciones y sanciones. Entre las mismas se encuentran:

    ◑ Se considera una infracción grave no cumplir las obligaciones que en materia de planes y medidas de igualdad establecen la Ley Orgánica 3/2007, de 22 de marzo, para la igualdad efectiva de mujeres y hombres, el Estatuto de los Trabajadores o el convenio colectivo que sea de aplicación.

    ◑ Se considera una infracción muy grave lo recogido en estos artículos:

Art. 8.12: Las decisiones unilaterales de la empresa que impliquen discriminaciones directas o indirectas desfavorables por razón de edad o discapacidad o favorables o adversas en materia de retribuciones, jornadas, formación, promoción y demás condiciones de trabajo, por circunstancias de sexo, origen, incluido el racial o étnico, estado civil, condición social, religión o convicciones, ideas políticas, orientación e identidad sexual, expresión de género, características sexuales, adhesión o no a sindicatos y a sus acuerdos, vínculos de parentesco con otros trabajadores en la empresa o lengua dentro del Estado español, así como las decisiones del empresario que supongan un trato desfavorable de los trabajadores como reacción ante una reclamación efectuada en la empresa o ante una acción administrativa o judicial destinada a exigir el cumplimiento del principio de igualdad de trato y no discriminación.

Art. 8.13: El acoso sexual, cuando se produzca dentro del ámbito a que alcanzan las facultades de dirección empresarial, cualquiera que sea el sujeto activo de la misma.

Art 8.13 bis: El acoso por razón de origen racial o étnico, religión o convicciones, discapacidad, edad y orientación e identidad sexual, expresión de género o características sexuales y el acoso por razón de sexo, cuando se produzcan dentro del ámbito a que alcanzan las facultades de dirección empresarial, cualquiera que sea el sujeto activo del mismo, siempre que, conocido por el empresario, este no hubiera adoptado las medidas necesarias para impedirlo.

- ⟳ Art 8.17: No elaborar o no aplicar el plan de igualdad, o hacerlo incumpliendo manifiestamente los términos previstos, cuando la obligación de realizar dicho plan responda a lo establecido en el apartado 2 del artículo 46 bis de esta ley.
- ⟳ Establece sanciones accesorias, sin perjuicio del establecimiento de otras, como la pérdida de subvenciones, bonificaciones...
- ⟳ Establece responsabilidad en material de igualdad, estableciendo responsabilidades empresariales específicas.

 PARA SABER MÁS

Puedes obtener más información sobre las prestaciones económicas y los períodos de cotización para cálculo de la prestación de jubilación, tendentes a favorecer la conciliación de la vida personal, familiar y laboral, en la web del INSS. Accede a través del siguiente enlace:

Continúa en página siguiente >>

<< Viene de página anterior

https://redirectoronline.com/sscg050po0103

6.4. Procedimientos de reclamación y amparo

España cuenta con un robusto marco jurídico para promover y proteger la igualdad de género en el trabajo. Está compuesto por:

⮕ **Estatuto de los Trabajadores:** esta ley establece las bases sobre las que se rigen los derechos y deberes de los trabajadores y empleadores, haciendo hincapié en la no-discriminación por razones de género.

⮕ **Ley Orgánica 3/2007, para la igualdad efectiva de mujeres y hombres:** esta ley es un hito en el compromiso de España con la igualdad de género. Aborda específicamente la eliminación de la discriminación de género en el ámbito laboral.

⮕ **Otras normas nacionales e internacionales,** entre las mismas se encuentran:

  ⟲ **Directiva (UE) 2023/970 del Parlamento Europeo y del Consejo, de 10 de mayo de 2023,** por la que se refuerza la aplicación del principio de igualdad de retribución entre hombres y mujeres por un mismo trabajo o un trabajo de igual valor a través de medidas de transparencia retributiva y de mecanismos para su cumplimiento.

  ⟲ **Directiva (UE) 2019/1158** del Parlamento Europeo y del Consejo, de 20 de junio de 2019, relativa a la conciliación de la vida familiar y la vida profesional de los progenitores y los cuidadores, y por la que se deroga la Directiva 2010/18/UE del Consejo.

⮕ **Ley 39/1999, de 5 de noviembre,** para promover la conciliación de la vida familiar y laboral de las personas trabajadoras. Modificada en diversas ocasiones y que, entre otras medidas, establece permisos retribuidos, reducción de la jornada laboral, excedencia por cuidados de familiares, suspensión del contrato por embarazo de riesgo, maternidad, adopción o acogimiento, protección durante la maternidad, etc.

PARA SABER MÁS

La Biblioteca Jurídica Digital del BOE elabora códigos, que son compilaciones de las principales normas jurídicas y que permanentemente son actualizados. En relación con el marco jurídico, de aplicación en España, que promueve y protege la igualdad de género, se ha promulgado el Código de Igualdad. Puedes acceder al mismo desde aquí:

https://redirectoronline.com/sscg050po0104

Procedimientos de reclamación

Nuestro sistema de garantía jurídico establece procedimientos de reclamación tendentes a garantizar que los derechos y las obligaciones establecidas se cumplen y se respetan. Están disponibles para:

| Personas trabajadoras | Personas empleadoras |

 DEFINICIÓN

Procedimientos de reclamación y amparo

Son procedimientos legales destinados a proteger los derechos de los individuos. En el ámbito laboral, estos procedimientos son la herramienta esencial para asegurar que las políticas de igualdad no solo están en papel, sino que se aplican efectivamente.

Cuando una persona trabajadora percibe que se han violado sus derechos a la igualdad de género, debe recolectar evidencias que apoyen su caso. Es fundamental que la mujer mantenga registros detallados de los incidentes de discriminación, las comunicaciones realizadas y las respuestas recibidas de la empresa, puesto que, además, el análisis de la información que recoge permite que la mujer y/o hombre que padece **acoso psicológico en el trabajo (APT)** busque soluciones preventivas y estrategias de afrontamiento conjuntas con el servicio de prevención de riesgos laborales.

 PARA SABER MÁS

Para facilitar el trabajo a las mujeres y los hombres que puedan ser víctimas de una situación de violencia en el trabajo, el INSST (Instituto Nacional de Seguridad e Higiene en el Trabajo) en 2010 publicó el manual *Acoso psicológico en el trabajo. Diario de incidentes*. Puedes acceder desde aquí:

https://redirectoronline.com/sscg050po0105

Por todo ello, para resolver el conflicto se siguen los siguientes pasos:

➲ **Proceso interno de reclamación:** muchas empresas cuentan con procedimientos internos que permiten a los empleados presentar una queja formal sobre cualquier incidente de discriminación o desigualdad. Esta opción suele ser el primer paso. Permite a la empresa abordar y resolver el problema de manera interna. Además, la mujer puede acudir al servicio de prevención de riesgos para intentar solventar el problema, puesto que la empresa es responsable tanto por acción como por omisión y, por tanto, puede ser responsable tanto desde un punto de vista civil como penal, tal y como recoge el art. 42.1 de la Ley de Prevención de Riesgos Laborales (Ley 31/1995, de 8 de noviembre): *El incumplimiento por los* *empresarios de sus obligaciones en materia de prevención de riesgos laborales dará lugar a responsabilidades administrativas, así como, en su caso, a responsabilidades penales y a las civiles por los daños y perjuicios que puedan derivarse de dicho incumplimiento.*

⮞ **Intervención sindical:** los sindicatos juegan un rol crucial en la protección de los derechos laborales. Un trabajador puede recurrir a estos organismos para recibir asesoría y apoyo en la presentación de su caso.

⮞ **Reclamación administrativa:** en caso de que la reclamación interna no produzca resultados, el próximo paso puede ser presentar una reclamación ante la Inspección de Trabajo. Las autoridades laborales, como la Inspección de Trabajo, juegan un papel central en la vigilancia del cumplimiento de la normativa de igualdad. Ellas tienen la capacidad de llevar a cabo investigaciones y de imponer sanciones cuando detecten infracciones. Las empresas que no cumplan con las disposiciones de igualdad pueden enfrentarse a fuertes sanciones legales y monetarias.

⮞ **Procedimientos de resolución de conflictos extrajudiciales:** la normativa que regula la resolución de conflictos extrajudiciales (Ley 36/2011, de 10 de octubre, de jurisdicción social, y el Real Decreto 2756/1979, por el que se crea el Centro de Mediación, Arbitraje y Conciliación) establece la obligatoriedad de acudir a estos procedimientos para determinados casos, a la par que indica que se exceptúan del requisito del intento de conciliación determinados procedimientos (art. 64 de la Ley 36/2011), entre los que se encuentran los relativos a:

◑ El disfrute de las vacaciones.
◑ La modificación sustancial de las condiciones de trabajo.
◑ Los derechos de conciliación de la vida personal, familiar y laboral.
◑ La tutela de los derechos fundamentales y libertades públicas.
◑ Aquellos que se ejercitan contra acciones laborales de protección contra la violencia de género.
◑ Este procedimiento, por tanto, podría aplicarse en situaciones como discrepancias relacionadas con el derecho a la igualdad de promoción, entre otras situaciones.

⮞ **Procedimientos judiciales:** en procesos laborales, se exige la asistencia a procedimientos de conciliación y/ o arbitraje, como anteriormente se ha indicado, y se prohíbe la solicitud del procedimiento extrajudicial en determinados casos. Además, si ninguna de las anteriores vías da resultado, el empleado puede optar por llevar su caso a los tribunales laborales. Esta es la fase más formal y suele ser la última instancia cuando las demás opciones han fallado. Los fallos judiciales en casos de discriminación de género en el trabajo tienen un impacto poderoso no solo en las partes involucradas, sino también en la sociedad en general, ya que establecen precedentes legales importantes, puesto que los tribunales crean precedentes que otras empresas deberán seguir, ayudando a moldear un futuro más justo y legalmente sólido.

TAREA 5

Ana considera importante que las personas trabajadoras tengan información sobre los diferentes mecanismos que existen en el ámbito laboral para solventar discrepancias en cuanto a la igualdad entre mujeres y hombres. Por ello, está elaborando un díptico en el sindicato en el que trabaja, que después repartirá entre las personas trabajadoras.

Si bien existen numerosos procedimientos para abordar las reclamaciones de igualdad, aún persisten desafíos significativos. La reticencia a denunciar por miedo a represalias, la lentitud del sistema judicial y la dificultad en reunir pruebas impactan en la eficacia de estos procedimientos y requiere que se desarrollen políticas que protejan a los empleados contra repercusiones negativas al presentar una reclamación.

Recurso de amparo

Cuando la violación de derechos laborales afecta a derechos fundamentales, como la igualdad frente a la no discriminación, el trabajador puede recurrir al Tribunal Constitucional a través del recurso de amparo. Este es un procedimiento específico diseñado para proteger los derechos fundamentales de los ciudadanos. El recurso de amparo debe interponerse dentro de un plazo específico tras agotarse las vías judiciales ordinarias. Este mecanismo es una salvaguarda final para asegurar que los derechos fundamentales de los trabajadores se protejan.

La Constitución española, en su artículo 53.2, establece lo siguiente: *Cualquier ciudadano podrá recabar la tutela de las libertades y derechos reconocidos en el artículo 14 y la sección primera del capítulo segundo ante los tribunales ordinarios por un procedimiento basado en los principios de preferencia y sumariedad y, en su caso, a través del recurso de amparo ante el Tribunal Constitucional. Este último recurso será aplicable a la objeción de conciencia reconocida en el artículo 30.*

 **VÍDEO**

En el siguiente vídeo podrás obtener más información sobre el recurso de amparo que se presenta ante el Tribunal Constitucional. Puedes visualizarlo desde aquí:

https://redirectoronline.com/sscg050po0106

Actuaciones para garantizar el camino legal de género

La transversalidad del principio de igualdad conlleva que en el ámbito de la actuación letrada se realicen actuaciones para asegurar el *genus iuris via* (el camino legal del género). Entre estas actuaciones se encuentran las siguientes:

- **Identificar posibles derechos que pueden verse afectados:** la presencia de una mujer en un asunto quiere la valoración y análisis de los derechos que pueden verse afectados. Además de los indicados hasta el momento, pueden verse afectados otros derechos como consecuencia de que la mujer sea víctima de violencia de género en el trabajo. No podemos olvidar que la violencia es vivida como un fenómeno oculto del cual incluso la mujer no puede ser consciente, de manera que la mujer puede considerar que es víctima de *mobbing* o *bullying* cuando en realidad está sufriendo acoso sexual y/o moral fundamentado en su sexualidad.
El acoso sexual y/o moral, entre otras situaciones, ocasiona que la mujer sea víctima de violencia de género, por lo que es de aplicación la normativa al respecto y, además, lleva aparejado que la mujer tenga problemas en las tres esferas de la salud (bio-psicosocial).
- **Detectar situaciones asimétricas de poder:** estas circunstancias pueden conllevar aparejadas situaciones de exclusión o desigualdad fundamentados en cuestiones de género.

➲ **Identificar estereotipos de género:** durante las diversas entrevistas la mujer nos facilita un relato en el cual podemos detectar estereotipos de género, micromachismos, etc.

➲ **Utilizar un lenguaje no sexista e inclusivo:** el uso del lenguaje en las argumentaciones y desarrollo de pensamientos ayuda a contribuir al cambiar el mapa conceptual de las mujeres, lo cual facilita que estas cambien la perspectiva con la que han estado analizando sus vivencias, lo cual favorece la toma de conciencia de su rol de víctima. Para ayudar a que se use lenguaje no sexista e inclusivo, la Comisión de Igualdad del Consejo General del Poder Judicial facilita directrices para fomentar la igualdad, y prevenir y eliminar ambigüedades, la ocultación de la mujer y confusiones en los mensajes. Entre las directrices facilitadas se encuentran:

   ◑ Insistir en la diferenciación del uso femenino y del masculino en la designación de profesiones y actividades para evitar la identificación de mujeres como hombres.

   ◑ Incidir en la utilización del artículo femenino / masculino en formularios, impresos y documentos administrativos genéricos destinados a ambos sexos.

   ◑ Intentar evitar, en la medida de lo posible, expresiones innecesarias que conlleven el uso genérico del masculino.

 **DEFINICIÓN**

Mobbing
La RAE lo define así: "Es el hostigamiento al que, de forma sistemática, se ve sometida una persona en el ámbito laboral, y que suele provocarle serios problemas psicológicos".

Bullying
La RAE lo define así: "Es la práctica ejercida en las relaciones personales consistente en dispensar un trato vejatorio y descalificador a una persona con el fin de desestabilizarla psíquicamente".

 VÍDEO

Puedes obtener más información sobre el *mobbing* y el acoso en el siguiente vídeo. Visualízalo desde aquí:

https://redirectoronline.com/sscg050po0107

Por tanto, es importante que todas las personas que trabajan con mujeres, por la defensa de la igualdad y por los derechos de las mujeres, se pongan las gafas violetas.

Mirar y analizar la realidad que nos rodea con perspectiva de igualdad de género.

Actuaciones preventivas para abordar la perspectiva de género

Para alcanzar este objetivo, es necesario realizar actuaciones preventivas que se centren en la educación y sensibilización de los empleados y empleadores sobre las prácticas justas de igualdad y no discriminación. Al aumentar el conocimiento y comprensión del marco legal, las empresas pueden crear un ambiente de trabajo más justo y equitativo. Las empresas pueden poner en práctica actuaciones:

➲ **Implementadas por las mutuas de accidente colaboradoras con el INSS:** las mutuas colaboradoras con la Seguridad Social deben realizar determinado tipo de actuaciones en materia de prevención de riesgos laborales, tal y como recoge la normativa de aplicación: R. D. 860/2018, de 13 de julio, por el que se regulan las actividades preventivas de la acción protectora de la Seguridad Social que han de realizar por las mutuas colaboradoras con la Seguridad Social y la resolución, anual, por la que la Secretaría de Estado con competencias en materia de Seguridad Social establece la planificación general de las actividades preventivas de la Seguridad Social a desarrollar por las mutuas colaboradoras con la Seguridad Social.
Las mutuas colaboradoras deben incluir la perspectiva de género en las actuaciones preventivas que realizan:

　　◍ Asesorar sobre el control de las causas de la incidencia de enfermedades profesionales y accidentes de trabajo.
　　◍ Asesorar en aspectos relacionados con el control y la reducción de la alta siniestrabilidad en las empresas.
　　◍ Elaborar estudios y analizar las causas de la siniestrabilidad, los cuales son difundidos en aras a prevenir la aparición de contingencias profesionales.
　　◍ Elaborar y difundir códigos de buenas prácticas relacionados con la gestión y mejora de la prevención.

De esta forma contribuyen a reducir la desigualdad de género en el ámbito de la salud que se manifiestan de diversas formas, entre las que se encuentra el Síndrome de Yentl.

➲ **Implementadas dentro del Plan de Prevención de Riesgos Laborales:** las empresas tienen diversas posibilidades para implementar medidas de prevención, como son el Servicio de Prevención Ajeno y el Servicio de Prevención Propio. Con independencia de la opción que elijan, como se ha indicado previamente, están obligadas a implementar actuaciones tendentes a reducir las desigualdades de género y todos los problemas que ello ocasiona. Las actuaciones pueden financiarse mediante el servicio de prevención contratado o a través de la Fundación Estatal para la Prevención de Riesgos Laborales, la cual tiene como finalidad promover la mejora de las condiciones de seguridad y salud en el trabajo, especialmente en pequeñas empresas, a través de acciones de información, asistencia técnica, formación y promoción del cumplimiento de la normativa en materia de prevención de riesgos laborales.

Para favorecer la implementación de medidas de prevención de riesgos laborales, a nivel estatal la Administración Pública ha desarrollado aplicaciones informáticas de asesoramiento a las empresas:

1. **Prevencion10.es:** es una herramienta que permite a empresas, de hasta 25 trabajadores, realizar diversas actuaciones, entre las que se encuentra un servicio de atención telefónica orientado a la resolución de dudas sobre la prevención de riesgos laborales.
2. **PCAE:** programa de coordinación de actividades empresariales que ayuda a empresas en diversas actuaciones relacionadas con la prevención de riesgos cuando trabajadores de diversas empresas concurren en un mismo centro de trabajo.

⊃ **Financiadas a través de la Fundación Estatal para la Formación en el empleo (FUNDAE):** las empresas pueden obtener bonificaciones en las cuotas patronales de la Seguridad Social por la realización de determinadas actividades formativas, entre las que se encuentran las implementadas por la FUNDAE. Dentro de ellas nos encontramos con cuadernos de trabajo, que muestran el perfil de las personas que se han formado en diversas iniciativas realizadas por la FUNDAE, pero también con la inclusión en la misma de módulos de igualdad de género y prevención de riesgos laborales.

 SABÍAS QUE...

En el ámbito de la salud, en 1991 la doctora Bernardine Patricia Healy acuñó el término *síndrome de Yentl*, para hacer referencia a la invisibilidad médica de las mujeres en los estudios de enfermedades cardiovasculares, orientados mayoritariamente al sexo masculino, lo que se traduce en un sesgo de género que motiva una asistencia sanitaria inadecuada que empeora la salud de ellas.

Para incidir positivamente en el ámbito de la igualdad de género y mejorar la salud de mujeres y hombres, dentro de los servicios sanitarios las personas profesionales del trabajo social sanitario, en el ámbito de la atención primaria de salud, implementan actuaciones de trabajo social grupal socioeducativo y/o socioterapapéutico, enmarcadas dentro de diversas estrategias.

7. Resumen

La igualdad de oportunidades entre mujeres y hombres en el ámbito laboral es una cuestión de considerable relevancia en el contexto de la sociedad moderna, donde la equidad y la justicia social son pilares fundamentales para el desarrollo sostenible. En España, se han implementado diversas normativas para abordar la desigualdad de género en el trabajo, dentro de las cuales la LOIEMH es un marco legislativo central. En esta unidad de aprendizaje se ha analizado esta ley, para que se tenga una comprensión holística de su diseño y propósito:

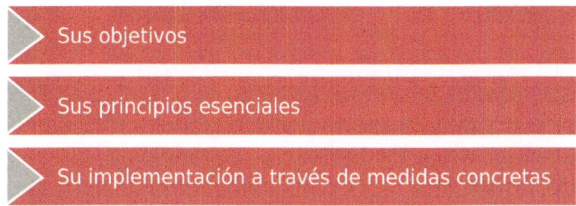

Los principios esenciales establecidos en la LOIEMH aspiran a construir un marco inclusivo donde mujeres y hombres disfruten de los mismos derechos, por lo que son una piedra angular en la construcción, en España, de un entorno laboral y laboral más:

La implementación y el seguimiento vigoroso de los principios que recoge la LOIEMH es un imperativo legal que conlleva la utilización de herramientas jurídicas y políticas para transformar los ideales de la LOIEMH en una realidad cotidiana para todas las personas, sin distinción de género.

El marco que establece la LOIEMH es vasto y ambicioso, y refleja la conciencia y el compromiso del país por alcanzar una igualdad efectiva entre hombres y mujeres. No obstante, que tenga éxito requiere del compromiso de todos los actores sociales involucrados: empleadores, empleados, organizaciones sindicales y gubernamentales. A través de una implementación efectiva y el constante seguimiento, la LOIEMH:

> Podrá reducir distancias en términos de igualdad de género

> Contribuirá al progreso social y económico equilibrado y sostenible

Las disparidades de género en el ámbito laboral se reflejan en:

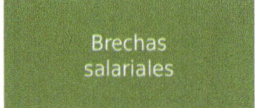

| Brechas salariales | Subrepresentación de mujeres en posiciones de liderazgo | Desigualdades en responsabilidades laborales y domésticas |

Estas disparidades tienen un impacto económico significativo y afectan a la cohesión social y la productividad general. Al mismo tiempo, promueven la reflexión sobre los beneficios potenciales que se podrían obtener a través de un mercado laboral más igualitario, resaltando cómo un entorno inclusivo no solo magnifica la equidad, sino que también potencia el rendimiento económico y la innovación.

Los sindicatos y los movimientos sociales han desempeñado un papel crucial en la reivindicación de espacios igualitarios en el trabajo, luchan por derechos laborales que reflejen equidad e inclusión. Estos actores han sido vitales para impulsar cambios normativos y prácticas empresariales que favorezcan la equidad de género. Entre los aspectos destacados en esta unidad se encuentran los casos recientes de reivindicaciones de género en España, que evidencian los retos y avances en esta área, así como una revisión minuciosa de medidas específicas y mecanismos de implementación que sustentan la LOIEMH.

El alcance y la aplicación legislativa de la LOIEMH representan una etapa fundamental en la lucha por la igualdad de género en España. En el ámbito laboral, se demanda una integración comprometida de los principios de igualdad en todos los aspectos de la negociación colectiva y las normativas internas de las organizaciones. Sin embargo, para que estos marcos legales tengan un impacto duradero y significativo, es imprescindible que:

Existan esfuerzos concertados en la promoción de una cultura organizacional inclusiva

Se implementen prácticas de igualdad de género respaldadas por la alta direccion y los niveles más operativos de cada entidad

En última instancia, el verdadero éxito de la LOIEMH reside en su capacidad para transformar las estructuras laborales desigualitarias y promover un equilibrio sostenible que beneficie tanto a mujeres como a hombres en el entorno laboral español.

El marco legal de la LOIEMH ofrece herramientas destinadas a asegurar el derecho al trabajo en igualdad de oportunidades. Se complementa con disposiciones claras sobre las obligaciones de los empleadores y los procedimientos de reclamación y amparo. Es esencial observar cómo estas medidas se implementan en la práctica para garantizar un impacto tangible en la experiencia laboral diaria de las mujeres y los hombres en España.

En síntesis, las disposiciones generales del título cuarto destinan sus esfuerzos a consolidar un marco de acción que vertebre la implementación eficaz de políticas de igualdad de género en la negociación colectiva, para lo cual:

Realiza un diagnóstico preciso sobre las barreras existentes

Propone cambios estructurales

Asegura medidas de revisión periódicas y transparencia

Ejercicios de autoevaluación
Unidad de Aprendizaje 1

1. 1. Asumir o creer que la igualdad entre hombres y mujeres se puede conseguir dándoles el mismo tratamiento se denomina...

   a. ... acción positiva.
   b. ... igualdad de género.
   c. ... equidad.
   d. ... ceguera de género o neutralidad de género.

2. Las acciones positivas se fomentan desde políticas públicas fundamentadas en:

   a. La igualdad
   b. La discriminación positiva
   c. La equidad
   d. Las opciones b y c son correctas.

3. Determina si la siguiente oración es verdadera o falsa: "Las medidas de acción positiva están presentes en la lucha contra cualquier tipo de discriminación":

   ■ Verdadero
   ■ Falso

4. Determina si la siguiente oración es verdadera o falsa: "La discriminación indirecta es aquella que se produce cuando la persona es tratada de forma diferente por su sexo"

   ■ Verdadero
   ■ Falso

5. Indica cuál de los siguientes principios de la LOIEMH implica que las mujeres y los hombres deben recibir un trato equitativo sin discriminación por razón de sexo.

   a. Principio de Igualdad de oportunidades
   b. Principio de acción positiva

    c. Principio de garantía legal
    d. Principio de Igualdad de trato

6. **La inserción plena de las mujeres en el ámbito laboral es:**

    a. Un imperativo ético o de derechos humanos.
    b. Una necesidad estratégica para el desarrollo económico sostenible.
    c. Una necesidad estratégica para el desarrollo del bienestar social.
    d. Todas las opciones son correctas.

7. **Indica el enfoque que utiliza el INE y Eurostar para calcular la brecha salarial:**

    a. Brecha salarial ajustada
    b. Brecha salarial sin ajustar
    c. Brecha salarial legal
    d. Las opciones a y b son correctas.

8. **La barrera invisible resultante de un complejo entramado de estructuras en las organizaciones dominadas por los hombres se conoce como:**

    a. Discriminación directa
    b. Discriminación indirecta
    c. Techo de cristal
    d. Discriminación basada en el sexo

9. **Determina si la siguiente oración es verdadera o falsa: "La disparidad salarial impacta en el ingreso individual de las mujeres, pero también a nivel macroeconómico y microeconómico, lo cual afecta también a las empresas"**

    ■ Verdadero
    ■ Falso

10. **Determina si la siguiente oración es verdadera o falsa: "La igualdad salarial no aumenta la recaudación de las Administraciones públicas a través de impuestos, como el IVA o el IRPF".**

   ■ Verdadero
   ■ Falso

La negociación colectiva desde la perspectiva de género como herramienta para implantar la igualdad en el mercado de trabajo

Contenido

Objetivos

El objetivo general de esta Unidad de Aprendizaje es:

→ Valorar la importancia que tiene la negociación colectiva para establecer un proceso de diálogo que articule acuerdos colectivos en los que se fomente el compromiso de las partes en pro de la equidad.

Los objetivos específicos de esta Unidad de Aprendizaje son:

→ Reconocer las cláusulas de género y sociales.

→ Identificar criterios para incluir en los convenios colectivos la perspectiva de género.

→ Conocer las funciones asignadas a los sindicatos.

→ Identificar los beneficios que conlleva la participación equitativa.

1. Introducción

En un mundo laboral cada vez más consciente de las desigualdades de género, la negociación colectiva emerge como una poderosa herramienta para promover la igualdad dentro del mercado de trabajo. Esta unidad de aprendizaje se centra en examinar cómo la inclusión de consideraciones de género en los procesos de negociación puede transformar y equilibrar el entorno laboral, asegurando derechos y oportunidades equitativos para todos los trabajadores, independientemente de su género.

La negociación colectiva tiene el potencial de ser mucho más que un simple mecanismo para acordar salarios o condiciones laborales. Es un espacio donde se pueden introducir cláusulas que promuevan la igualdad de género, para asegurar que las voces de todas las partes interesadas sean escuchadas y respetadas. Al entender estas dinámicas, las organizaciones no solamente podrán cumplir con sus obligaciones legales, sino que también contribuirán a una cultura empresarial más justa e inclusiva.

En esta unidad, nos seguiremos centrando en el caso de Isabel, liberada sindical responsable del departamento de igualdad de género en el sindicato al cual representa.

2. La negociación colectiva como instrumento de igualdad en la LOIEMH

☞ HILO CONDUCTOR

Isabel, en la formación que está impartiendo, considera importante informar sobre la regulación jurídica que existe sobre la negociación colectiva para favorecer su implementación. Por ello, explica que es un instrumento de igualdad que recoge la LOIEMH.

- -

La negociación colectiva es un mecanismo esencial que, a través del diálogo y la cooperación entre los empleadores y los representantes de los trabajadores, busca mejorar las condiciones laborales y económicas de una forma equitativa y justa. En el contexto de la LOIEMH, la negociación colectiva se presenta como una herramienta poderosa para promover la igualdad en el ámbito laboral, eliminando las barreras tradicionales de género que han existido a lo largo de la historia en el mercado de trabajo.

La LOIEMH establece un marco legal con el objetivo de garantizar la igualdad de trato y de oportunidades entre hombres y mujeres. En este sentido, la negociación colectiva desempeña un papel crucial, al establecer un proceso de diálogo que articula acuerdos colectivos en los que se fomenta el compromiso de las partes en pro de la equidad, lo cual se manifiesta en:

- ⮑ **Incorporar la perspectiva de género:** un punto fundamental de la LOIEMH es su clara apuesta por incorporar la perspectiva de género en todas las etapas de la negociación, lo que obliga a integrar la igualdad de género como un aspecto transversal en las políticas laborales. Al incorporar de manera sistemática y coherente la perspectiva de género, se pueden forjar procesos más inclusivos que reflejen las necesidades y aspiraciones de todas las personas, independientemente de su género, en el ambiente laboral moderno.
- ⮑ **Realizar actuaciones que eviten la discriminación:** uno de los principales retos a los que se enfrenta la negociación colectiva en el ámbito de la LOIEMH es el diseño de convenios colectivos que eviten la discriminación. Esto implica implementar acciones específicas, como auditorías salariales, para detectar y corregir desigualdades retributivas entre géneros. Las auditorías salariales no solo consideran las diferencias directas de salarios, sino también otros componentes como beneficios y oportunidades de promoción, sitos donde la inequidad puede manifestarse de manera indirecta. La promoción profesional de las mujeres es otro frente importante donde la negociación colectiva puede aportar soluciones efectivas. Las cláusulas de los convenios deben establecer criterios objetivos y trasparentes de selección y promoción, así como mecanismos de evaluación del desempeño que garanticen la igualdad de oportunidades. Además, se puede fomentar la inclusión de cuotas de género en posiciones de liderazgo, visibilizando así el potencial de las mujeres en todos los niveles de la organización.
- ⮑ **Incorporar medidas de conciliación:** la negociación colectiva actúa como instrumento de igualdad cuando incluye medidas de conciliación que permiten a empleados de todos los géneros equilibrar sus obligaciones familiares y laborales. Antes de la LOIEMH, las políticas de conciliación eran escasas y no alcanzaban a contemplar las necesidades específicas de las trabajadoras, quienes asumían tradicionalmente un mayor peso en las responsabilidades familiares. Ahora, estos convenios han de incorporar permisos parentales equitativos, horarios flexibles y la posibilidad de teletrabajo, reduciendo así uno de los mayores obstáculos para la participación igualitaria de las mujeres en el ámbito laboral.

➲ **Fomento de políticas de formación y desarrollo profesional:** Históricamente, la formación ha sido un área donde las mujeres han tenido menos oportunidades, lo que restringe su capacidad de promoción y desarrollo profesional. La incorporación de cláusulas que promuevan el acceso a cursos de capacitación y la mejora continua es vital para permitir que tanto hombres como mujeres puedan mejorar sus habilidades y actualizarse en sus respectivas áreas de trabajo.

➲ **Articular medidas para prevenir y actuar frente al acoso laboral y sexual:** la articulación de medidas para prevenir y actuar frente al acoso laboral y sexual dentro de las organizaciones es otro ámbito donde la negociación colectiva ha cobrado relevancia. Los convenios colectivos ahora pueden incluir protocolos claros para la prevención de tales comportamientos, y definir sanciones adecuadas, así como estrategias de apoyo para las víctimas, lo que proporciona un entorno de trabajo seguro y respetuoso.

➲ **Alcanzar la representación equilibrada en los órganos de negociación y decisión:** la presencia igualitaria de mujeres y hombres en los comités de empresa y los sindicatos refuerza la perspectiva de género en cada aspecto de la negociación y facilita el desarrollo de políticas más inclusivas y equitativas, por lo que es algo esencial alcanzar la paridad.

La negociación colectiva dentro del marco de la LOIEMH es más que un simple proceso de diálogo entre trabajadores y empleadores; es una **herramienta transformadora** que contribuye activamente a erradicar las desigualdades de género en el mundo laboral, que requiere de actividades que garanticen el seguimiento y la evaluación de los convenios colectivos pactados para asegurar que las medidas sean verdaderamente efectivas. Por ello, las empresas deben estar obligadas a monitorear el cumplimiento de las cláusulas relativas a la igualdad de género, para que, en caso de no lograrse, se implementen planes de acción que corrijan las desavenencias detectadas.

2.1. Estrategias de negociación

En el contexto de la negociación colectiva, las **estrategias de negociación** juegan un papel crucial en la implementación de la igualdad entre hombres y mujeres. Con la negociación no solo se trata de lograr un acuerdo entre las partes involucradas, sino de garantizar que tal acuerdo promueva la equidad de género de manera efectiva. Para asegurar que las mujeres y los hombres tengan derechos y oportunidades equitativas en el mercado laboral, en la negociación colectiva podemos implementar diversas actuaciones:

- **Análisis del marco legal y de las obligaciones:** la primera actuación esencial en la negociación colectiva con perspectiva de género es comprender plenamente el marco legal aplicable y las obligaciones derivadas de estos marcos. Esto incluye estar al tanto de las directrices establecidas por la Ley de Igualdad de Oportunidades entre Hombres y Mujeres (LOIEMH) y cualquier normativa local pertinente. Comprender estas normas permite a los negociadores identificar áreas donde las prácticas laborales actuales pueden ser ambiguas o desiguales respecto a la igualdad de oportunidades. Aprovechar este conocimiento es crucial para que las negociaciones reflejen un compromiso genuino con la equidad.

- **Preparación basada en datos:** una estrategia efectiva se basa en la recopilación y el análisis de datos que reflejan las condiciones reales de igualdad en la organización. Esto incluye —aunque no se limita a ello— estadísticas de los empleados desglosadas por género, datos salariales, tasas de promoción, acceso a formaciones, etc. Este análisis debe resaltar las discrepancias entre géneros y servir de base para formular propuestas que aborden efectivamente dichas diferencias.

- **Fomento del diálogo inclusivo:** es crucial promover un diálogo inclusivo durante toda la fase de negociación. Esto implica asegurar que todas las voces, especialmente las que históricamente han estado subrepresentadas, sean escuchadas y tenidas en cuenta. Facilitar talleres y grupos de enfoque que incluyan a diversas partes interesadas puede enriquecer el proceso de negociación mediante la inclusión de múltiples perspectivas y experiencias. Asegurar que las mujeres de distintas áreas tengan la oportunidad de expresar sus inquietudes laborales hará que los acuerdos respondan a una gama más amplia de necesidades.

- **Desarrollo de agendas progresistas:** la negociación colectiva debe incorporar **agendas progresistas** que busquen avanzar hacia condiciones laborales más equitativas. Esto puede incluir la negociación de políticas específicas, como licencias de maternidad y paternidad equilibradas, y horarios flexibles para facilitar el equilibrio entre la vida laboral y la personal, entre otras medidas. La clave es anticipar las barreras potenciales a la igualdad y trabajar proactivamente para superarlas. Por ejemplo, las disposiciones de la LOIEMH instan a las empresas a revisar y renovar sus políticas internas para asegurar que no existan prácticas discriminatorias en los procesos de contratación, promoción o retribución.

- **Capacitación en sesgos inconscientes:** una estrategia exitosa debe incluir la capacitación al equipo negociador sobre los sesgos inconscientes que podrían influir en la negociación. Los sesgos, a menudo invisibles, pueden perpetuar desigualdades y sabotear esfuerzos genuinos hacia la igualdad de género. La concienciación y la formación regular sobre estos sesgos pueden ayudar a mitigarlos y promover un entorno más justo.

- **Creación de compromisos verificables**: un aspecto esencial de la negociación es acordar compromisos claros y verificables. Al implementar una perspectiva de género, estos compromisos deben incluir objetivos medibles y plazos específicos para evaluar el progreso hacia la igualdad. Establecer indicadores de éxito puede ayudar a garantizar que las promesas hechas durante la negociación no sean solo simbólicas, sino que efectivamente lleven a cambios sustanciales.
- **Implementación de mecanismos de seguimiento**: las estrategias efectivas de negociación colectiva deben incorporar mecanismos de seguimiento y evaluación continua que aseguren que las medidas adoptadas están teniendo el impacto deseado. Esto podría incluir encuestas periódicas de empleados, auditorías regulares de cumplimiento o la creación de un comité de igualdad con representación de diversas partes interesadas para supervisar los avances.
- **Ampliación de la participación sindical**: fortalecer la inclusión y la participación de las mujeres y otras identidades de género en los sindicatos puede ser una estrategia fundamental para alinear la negociación colectiva con la igualdad de género. Promover la participación de todos los géneros en las estructuras sindicales ofrece una representación más equilibrada de intereses y prioridades en las negociaciones.
- **Innovación en incentivos y beneficios**: otra estrategia relevante es la de revisar y proponer innovaciones en los incentivos y beneficios que las organizaciones ofrecen a sus empleados. Las medidas deben centrarse en fomentar la igualdad a través de beneficios flexibles que apoyen a ambos géneros en igual medida.
- **Trabajo intersectorial y comunitario**: desarrollar estrategias que fomenten la colaboración intersectorial y se involucren en la comunidad puede enriquecer el enfoque de las negociaciones. Al integrar perspectivas de distintas industrias y sectores, y al engranar la comunidad en el diálogo sobre igualdad, se anima a compartir mejores prácticas y a construir un marco común hacia la igualdad.

Al implementar estas actuaciones durante la negociación colectiva, aumenta el potencial para promover cambios en la igualdad de género dentro de las organizaciones, a la par que se influye en el mercado laboral a un nivel más amplio. Cada uno de estos enfoques forma parte de una visión integral que valora y promueve las contribuciones y los derechos equitativos de todas las personas, independientemente de su género. Rescatar este enfoque asegurará que el compromiso por la igualdad sea una parte central y definitoria en el proceso de negociación y en la cultura organizacional en su conjunto.

APLICACIÓN PRÁCTICA

María está realizando una formación destinada a sindicalistas que tiene por objetivo formar sobre las diversas actuaciones que, en el ámbito de la negociación colectiva, fomentan la igualdad entre mujeres y hombres. Durante la formación explica diversos ejemplos uno de ellos es extender las oportunidades de teletrabajo para todos los empleados, lo que facilitaría el cuidado de los hijos y reduciría el impacto de los roles tradicionales de género en las carreras de las mujeres. ¿Sería correcto? Justifica tu respuesta.

Solución

Sí, sería correcto. El teletrabajo, además de favorecer la conciliación y la igualdad de oportunidades, conlleva un aumento de la competitividad empresarial. Su implementación da lugar a nuevas oportunidades empresariales a la par que una disminución en los costes, gracias a la localización y la utilización de recursos digitales. Existen diversos estudios que indican que aumenta en más del 50 % la facturación. Todo ello mejora la diversificación y competitividad empresarial.

2.2. Incorporación de cláusulas de igualdad

La perspectiva de género en las negociaciones colectivas permite la integración de medidas que aborden directamente las desigualdades de género y contribuyan a la instauración de un mercado de trabajo más inclusivo.

DEFINICIÓN

Cláusulas sociales
Es el conjunto de criterios introducidos en los contratos y en las subvenciones para aplicar aspectos de la política social.

Cláusulas de igualdad
Es el conjunto de requisitos, criterios, obligaciones, deberes o compromisos que las Administraciones incluyen en la contratación, subvención o convenios públicos. La finalidad es avanzar en la consecución de la igualdad de mujeres y hombres.

ACTIVIDAD COMPLEMENTARIA

6. Localiza tres documentos que favorezcan la implementación de cláusulas sociales y otros tres que favorezcan la implementación de cláusulas de género. Podrás compartir la descripción con el resto de participantes y así recibir retroalimentación para mejorar tu descripción.

Las cláusulas de igualdad en los acuerdos colectivos son herramientas esenciales para erradicar las barreras de género en el ámbito laboral, ya que:

Proporcionan un marco legal y operativo mediante el cual se puede garantizar la igualdad de oportunidades, condiciones laborales y trato entre trabajadores y trabajadoras	**Establecen los principios de no discriminación, y fomentan la diversidad y la integración de todos los géneros en el entorno laboral**
- Al integrarse en el marco de la negociación colectiva, estas cláusulas adquieren una fuerza vinculante para las partes firmantes, asegurando que las disposiciones sobre igualdad sean observadas y respetadas.	- La inclusión de estas cláusulas no solo favorece la justicia y la cohesión social dentro de las organizaciones, sino que también puede aumentar la productividad e innovación, al crear un ambiente de trabajo donde el talento es valorado independientemente del género.

La incorporación de cláusulas de igualdad en la negociación colectiva requiere de un proceso meticuloso y estratégico en el que nos encontramos diversas fases:

Diagnóstico
- Realizar un diagnóstico detallado de la situación actual de la empresa en términos de igualdad de género ayuda a identificar brechas y áreas que necesitan mejorar. Por ello, pueden incluir aspectos relacionados con disparidades salariales, desequilibrios en la participación en cargos de dirección, o diferencias en el acceso a formación profesional y desarrollo de carrera.

Continúa en página siguiente >>

<< Viene de página anterior

Involucrar a todas las partes necesarias en el proceso de negociación
- Esto incluye a representantes sindicales, directivos de la empresa y, en algunos casos, consultores externos o expertos en igualdad de género. Una participación activa y el compromiso de estos actores es fundamental para asegurar que las cláusulas de igualdad reflejen las necesidades y particularidades de la empresa y de sus empleados.

De esta manera se pueden seleccionar, entre las diversas tipologías de cláusulas existentes, de manera cuidadosamente y teniendo en cuenta el contexto de cada sector y empresa, aquella o aquellas cláusulas que mejor responden a las necesidades detectadas.

Existen diferentes tipos de cláusulas de igualdad de género en función del objetivo que persigan alcanzar:

- **Igualdad retributiva:** establecer mecanismos para corregir la brecha salarial de género, asegurando que todos los empleados que ocupan la misma posición reciban una remuneración equitativa, independientemente de su género
- **Conciliación de la vida laboral y familiar:** proveer medidas flexibles que permitan la conciliación del trabajo con la vida personal, facilitando el acceso a permisos parentales, reducciones de jornada o teletrabajo, tanto a hombres como a mujeres.
- **Acceso a posiciones de liderazgo:** implementación de políticas de promoción que garanticen un acceso igualitario a cargos de responsabilidad, acompañadas de **programas de mentoría y capacitación** enfocados en preparar a más mujeres para roles de liderazgo.
- **Prevención del acoso y la violencia de género:** establecer protocolos preventivos y de actuación rápida en casos de acoso sexual o violencia de género en el lugar de trabajo, promoviendo un ambiente seguro y respetuoso para todos los empleados.
- **Fomento de la diversidad e inclusión:** promover la contratación de personas de diferentes géneros, etnias y capacidades, apoyando un entorno de trabajo plural y diverso que sea reflejo de la sociedad en la que opera la empresa.

Para que las cláusulas de igualdad sean efectivas, no solo deben redactarse e incluirse en los acuerdos colectivos, sino que su implementación y cumplimiento deben ser supervisados continuamente a través de:

La creación de comités de igualdad dentro de las empresas
- La creación de comités de igualdad dentro de las empresas puede ayudar a monitorear el progreso, evaluar la efectividad de las medidas implementadas y proponer mejoras cuando sea necesario.

La formación y la sensibilización sobre temas de igualdad a todo el personal
- La formación continua y la sensibilización sobre temas de igualdad de género para todos los empleados también juega un rol crucial en este proceso. La internalización de la igualdad no debe ser única responsabilidad de la dirección o de ciertos departamentos, sino un objetivo compartido por toda la organización.

La incorporación de cláusulas de igualdad en la negociación colectiva conlleva diversos beneficios para:

➲ **Empresas:** entre los beneficios que conlleva la implementación de las cláusulas de igualdad se encuentran:

   ➲ Reducción de la rotación de personal: los empleados que perciben un trato justo y equitativo son más propensos a expresar una mayor satisfacción laboral. Disminuye así el índice de rotación y de ausentismo laboral.
   ➲ Mejora de la imagen corporativa: las empresas que adoptan una postura proactiva hacia la igualdad de género suelen obtener una buena reputación y convertirse en empleadores de elección para candidatos con talento.
   ➲ Incremento de la innovación: un ambiente laboral diverso, compuesto por individuos con diferentes perspectivas y experiencias, fomenta la creatividad y la innovación.
   ➲ Cumplimiento normativo y reducción de riesgos legales: garantizar que las prácticas y políticas empresariales cumplan con las leyes y normativas de igualdad ayuda a evitar posibles sanciones o litigios.

➲ **Personas trabajadoras:** la eliminación de las causas de la discriminación de género, favorece la inserción laboral y mejora la salud de las personas incidiendo positivamente sobre los riesgos psicosociales.
➲ **Sociedad:** la inclusión de cláusulas de género representa un avance significativo hacia la promoción de un entorno laboral equitativo y justo para hombres y mujeres. Además, contribuye al desarrollo sostenible, ya que promover la igualdad de género en el lugar de trabajo es coherente con los objetivos globales de desarrollo sostenible, ayudando a crear una sociedad más equitativa y próspera.

La inclusión y la efectiva aplicación de las cláusulas de igualdad en la negociación colectiva es, por tanto, una acción no solo ética, sino racional y beneficiosa, cuyo impacto positivo puede ser visto a nivel micro, dentro de la empresa, y a nivel macro, en la sociedad en su conjunto. La construcción de un entorno laboral que verdaderamente respete y valore la igualdad de género es una tarea continua que exigirá esfuerzos conjuntos, adaptación constante y la firme convicción de todos los actores implicados en que el cambio es posible y necesario.

 TAREA 6

En la empresa "Estamos por la igualdad de género" están negociando el convenio colectivo que les será de aplicación. La parte negociadora por parte de los representantes de las personas trabajadoras desea incluir cláusulas de género en él. ¿Qué criterios podría introducir para favorecer la perspectiva de género?

- -

2.3. Evaluación de acuerdos colectivos

La evaluación de los acuerdos colectivos desde la perspectiva de género es una herramienta crítica para asegurar la implementación eficaz y sostenible de los planes de igualdad en el ámbito laboral. En la medida que las organizaciones busquen corregir desigualdades históricas y fomentar un entorno de trabajo equitativo, la revisión y la valoración de estos acuerdos se torna una tarea esencial. Este apartado detalla los procesos, criterios y métodos para llevar a cabo una evaluación exhaustiva y efectiva de los acuerdos colectivos, centrándose particularmente en la promoción de la igualdad de género.

La evaluación de los acuerdos colectivos requiere un enfoque sistemático y estructurado en el que existen las siguientes fases:

- ⮕ **Diagnóstico situacional:** en primer lugar, es fundamental entender el contexto en el cual surge el acuerdo; es decir, mirar más allá de su texto explícito para considerar los antecedentes organizacionales, históricos y culturales de las relaciones laborales y las dinámicas de género dentro del entorno laboral en cuestión. Este análisis contextual permite identificar no solo las cláusulas y disposiciones establecidas, sino también las prácticas y conductas implícitas que pueden influir en la efectividad de los acuerdos. Por ello, se recolectan datos sobre la composición de género de la fuerza laboral, analizar las políticas existentes en torno a la igualdad, y evaluar las percepciones y experiencias de los empleados respecto a estas cuestiones. Herramientas como encuestas, entrevistas y grupos de discusión pueden ser utilizadas para obtener una imagen más detallada de las dinámicas de género dentro de la organización. Este enfoque cualitativo no solo proporciona datos útiles para la evaluación, sino que también fomenta un diálogo abierto sobre igualdad de género en el lugar de trabajo.

⊃ **Establecimiento de criterios y métricas:** se utilizan para medir el éxito del acuerdo colectivo en cuestión. Estos criterios deben alinearse con los objetivos específicos del plan de igualdad y estar centrados en resultados tangibles, como la reducción en la brecha salarial de género, la equidad en oportunidades de promoción y un aumento en la representación femenina en roles de liderazgo. Los indicadores deben ser claros, medibles, y reflejar tanto los objetivos inmediatos como a largo plazo del acuerdo, con lo cual se garantiza un marco de evaluación consistente y objetivo.

⊃ **Análisis detallado de las cláusulas y disposiciones de igualdad acordadas:** este análisis es crucial para determinar si las medidas adoptadas son adecuadas y suficientes para mitigar las desigualdades de género identificadas. Las cláusulas deben abordarse de manera integral, garantizando que no solo se centren en compensaciones salariales, sino también en opciones de conciliación de vida familiar y laboral, políticas contra el acoso sexual, y la igualdad de acceso a formación y desarrollo profesional. Una revisión precisa también debe identificar posibles brechas o debilidades en las cláusulas que podrían ser explotadas o ignoradas.

⊃ **Seguimiento y monitoreo constante de los acuerdos colectivos:** establecer un marco de seguimiento implica designar indicadores clave de desempeño (KPI) y establecer una línea base de comparación para evaluar el progreso a lo largo del tiempo. Regularmente, se deben llevar a cabo informes y auditorías para revisar los avances, identificar obstáculos y diseñar intervenciones adecuadas en tiempo real. Además, las partes involucradas deben estar preparadas para ajustar y modificar las estrategias en respuesta a las circunstancias cambiantes del entorno laboral o en caso de no cumplir con las expectativas.

Además, existen una serie de aspectos cruciales que influyen positivamente en la evaluación de los acuerdos colectivos, entre los que se encuentran:

⊃ **La retroalimentación de los empleados:** fomentar un sentido de participación y reducir la resistencia al cambio es esencial. Las estructuras de retroalimentación, como comités de igualdad de género o grupos de trabajo, pueden proporcionar plataformas valiosas para que los trabajadores expresen sus preocupaciones y realicen sugerencias constructivas que podrían no ser detectadas por auditorías formales. Asimismo, el compromiso visible por parte de la dirección para abordar estas preocupaciones puede reforzar la confianza del personal y aumentar la efectividad del plan de igualdad en su conjunto.

- **Realizar estudios de caso:** analizar las experiencias de otras organizaciones que han implementado planes de igualdad permite identificar prácticas exitosas y métodos de evaluación que han demostrado ser efectivos. Compartir y aprender de estas experiencias también ayuda a evitar errores comunes y dinamiza el proceso de aprendizaje colectivo en torno a la igualdad de género.

- **Realizar evaluaciones cíclicas y periódicas:** la evaluación no puede finalizar con el cierre de un ciclo de evaluación. El proceso de valoración debe ser cíclico y repetirse periódicamente para asegurar que los acuerdos no solo sean efectivos en el presente, sino que continúen evolucionando para abordar nuevas formas de desigualdad que puedan surgir con el tiempo. Esta perspectiva iterativa y flexible garantiza que las políticas de igualdad de género no se estanquen ni se vuelvan irrelevantes.

- **Reconocer y celebrar los éxitos logrados a través de los acuerdos colectivos:** los logros deben ser comunicados de manera efectiva, no solo para mantener el impulso dentro de la organización, sino también para destacar ejemplos de buenas prácticas para otros actores del mercado laboral. Visibilizar el progreso hacia la igualdad de género contribuye no solo al cambio interno, sino al avance general hacia un mercado de trabajo más igualitario.

En síntesis, la evaluación de los acuerdos colectivos es un proceso **dinámico, continuo y participativo** que debe ser integrado como un componente vital dentro de cualquier estrategia efectiva de igualdad de género en el lugar de trabajo. La implementación de un marco sólido de evaluación no solo garantiza el cumplimiento de las cláusulas de igualdad ya establecidas, sino que también impulsa un cambio significativo hacia una cultura organizacional más equitativa y justa para todos los empleados.

3. Participación de la representación legal de las trabajadoras y los trabajadores

☞ HILO CONDUCTOR

Isabel ha explicado hasta el momento la importancia de la negociación colectiva para alcanzar a igualdad, pero considera importante que se conozca la labor que realizan las personas que ostentan la representación legal de las personas trabajadoras. Por ello, procede a explicar de manera más profunda aspectos relacionados con los sindicatos.

En el ámbito de la negociación colectiva, particularmente desde una perspectiva de género, es fundamental destacar la importancia de la representación legal de las trabajadoras y trabajadores, como agentes clave para la implantación de planes de igualdad efectivos y sólidos en el mercado laboral. La participación activa de los representantes legales es un elemento esencial para garantizar que las voces de ambas partes del colectivo laboral se escuchen, y así enfocar los esfuerzos hacia una verdadera igualdad de género en el lugar de trabajo.

Al analizar el soporte estructural de las actividades de representación laboral que asegura que las trabajadoras y trabajadores tengan un medio eficaz para expresar sus preocupaciones y necesidades específicas, nos encontramos con un marco legal:

Internacional	Nacional
- En el contexto de la Unión Europea, por ejemplo, existen directivas que refuerzan la participación de las y los trabajadores en la toma de decisiones empresariales, mediante la instauración de consejos de trabajo europeos y otras formas de consulta y diálogo social.	- A nivel nacional, muchas legislaciones de países contemplan en sus normativas la obligatoriedad de establecer comités de empresa o sindicatos con un mandato claro y definido, incluyendo en ello la obligación de velar por la igualdad de género en el contexto laboral. La inclusión de la perspectiva de género en estos instrumentos normativos configura una base fundamental que permite a los representantes laborales promover la implementación de planes de igualdad con una mirada integral y justa.

Si analizamos el marco normativo, nos encontramos con que este establece que la representación legal de las trabajadoras y trabajadores desempeña un rol primordial en la promoción de la igualdad de género dentro de los espacios de trabajo, puesto que realiza diversas funciones, como son:

Identificar y abordar barreras estructurales
- La representación va más allá de estar presente en las mesas de negociación: implica también estar dotado de las herramientas, conocimientos y competencias necesarias para identificar y abordar las barreras estructurales que perpetúan las desviaciones en igualdad de género en el ámbito laboral.

Ser portavoces de las personas trabajadoras
- Los representantes legales son los portavoces de las y los trabajadores, por tanto tienen la capacidad de influir significativamente en el diseño e implementación de políticas relacionadas con la igualdad de género. Además, tienen la función de supervisar el cumplimiento de esas políticas, asegurando que se actúe conforme a los acuerdos y compromisos establecidos en los convenios colectivos.

Para que los representantes legales de las trabajadoras y trabajadores puedan cumplir eficientemente con su papel, deben adoptar un **enfoque proactivo** que incluya las siguientes acciones y tácticas:

- **Diagnóstico preciso de desigualdades de género:** Realizar un análisis exhaustivo de la situación actual en relación con las disparidades de género dentro de la organización. Esto implica recopilar datos desagregados por género sobre salarios, promociones, capacitación o acceso a beneficios, entre otros.
- **Formación en perspectiva de género:** Capacitarse constantemente para adquirir y actualizar conocimientos sobre igualdad de género y derechos laborales con el fin de debatir, negociar e implementar medidas pertinentes y efectivas.
- **Colaboración con expertos y organismos especializados:** Establecer asociaciones con instituciones especializadas en género que puedan proporcionar asistencia técnica y recursos que fortalezcan el proceso de diálogo social y negociación en temas de igualdad.
- **Concienciación y sensibilización:** Fomentar una cultura organizacional que valore la diversidad a través de programas de concienciación y talleres orientados a eliminar estereotipos de género y fomentar comportamientos inclusivos.

⮕ **Monitoreo y evaluación constante:** crear mecanismos para monitorear y evaluar el impacto de los planes de igualdad implementados, asegurando que se realicen las mejores prácticas y ajustando las estrategias cuando sea necesario. Esto también abarca la elaboración de informes periódicos que reflejen los avances y desafíos actuales.

Un elemento estructural que la representación legal de los trabajadores puede utilizar para fomentar la igualdad de género es el **diálogo social.**

 PARA SABER MÁS

Accede al siguiente enlace para consultar un artículo en el que la Unión Europea reconoce la importancia del diálogo social.

https://redirectoronline.com/sscg050po0201

El diálogo social es un proceso que implica la interacción continua entre empleadores, sindicatos y Gobiernos. Ofrece una plataforma para abordar las desigualdades de género de una manera inclusiva y colaborativa.

Las personas se relacionan durante la negociación colectiva.

En la práctica, el diálogo social se manifiesta a través de mecanismos que ayudan a identificar preocupaciones comunes, a alinear esfuerzos y a formular soluciones integrales e innovadoras. Entre los mismos se encuentran:

Mesa redonda
- La mesa redonda es una estrategia de trabajo socializado basada en las técnicas expositivas y de demostración que potencia el desarrollo de las habilidades comunicativas, de búsqueda de información, organizativas, de toma de decisiones y sociales.

Foros de discusión
- Es una técnica de comunicación dirigida sobre una cuestión determinada. Hay una persona que ejerce el rol de moderador y que permite el intercambio de ideas u opiniones, así como llegar a conclusiones grupales interesantes y creativas.

Comisiones
- La técnica de la comisión se utiliza en grupos grandes para repartir las tareas o cuando se considera que un tema o un problema requiere un estudio más pormenorizado efectuado por personas especializadas en la materia. El grupo, tras debatir sobre la materia, eleva las conclusiones al grupo al que se le ha designado.

A pesar de los avances en la implementación de la igualdad laboral por medio de la negociación colectiva, la representación legal de las trabajadoras y trabajadores, nos encontramos con:

Desafíos
- Algunos de los principales retos incluyen la resistencia cultural a aceptar modelos igualitarios, la falta de recursos o capacitación específica y, en algunos casos, una comprensión limitada del tema.

Perspectivas futuras prometedoras
- A medida que se fortalece la conciencia sobre la importancia de la equidad de género en todos los niveles de la empresa, la representación legal de los trabajadores puede desempeñar un papel aún más influyente, al formar alianzas estratégicas y actuar de manera más colaborativa. La inclusión de la perspectiva de género en todas las facetas del proceso de negociación robustecerá la capacidad de los representantes legales para afrontar las complejidades del lugar de trabajo moderno y garantizar que la igualdad no solo sea un objetivo, sino una realidad.

3.1. Roles y responsabilidades de los representantes

El papel de los representantes en el marco de la negociación colectiva resulta crucial para asegurar la efectiva implementación de la igualdad entre hombres y mujeres en el ámbito laboral. Los representantes actúan como intermediarios, defensores y, en muchas ocasiones, como impulsores directos de cambios estructurales que promueven un entorno laboral equitativo. Comprender sus roles y las responsabilidades es esencial para maximizar su eficacia en la promoción de la igualdad de género.

Las responsabilidades primordiales de los representantes se dirigen a representar los intereses de los trabajadores durante las negociaciones del contrato colectivo y garantizar que las condiciones laborales sean justas y equitativas para todos los empleados, sin discriminación de género. Estas las ejercen desde diferentes posiciones dentro de una empresa:

◐ **Delegados sindicales:** constituyen la representación de los trabajadores en empresas o centros de trabajo que tengan más de 10 y menos de 50 trabajadores (también podrán existir en aquellas que tienen entre 6 y 10 trabajadores, si así lo deciden). Además, su número varía en función del número de trabajadores existente en la empresa. Así, nos encontramos con que:

   ◑ En empresas de hasta 30 trabajadores, se puede elegir a 1 delegado sindical.
   ◑ En empresas que tienen entre 31 y 49 trabajadores, se pueden elegir a 3 delegados de personal.

◐ **Comités de empresa:** es un órgano representativo y colegiado del conjunto de las personas trabajadoras que existe en la empresa. Se constituye en empresas o centros de trabajo que tienen más de 50 trabajadores. El número de miembros que lo componen varía en función del número de trabajadores. Así, nos encontramos con:

   ◑ Empresas con entre 50 y 100 trabajadores: el comité de empresa está formado por 5 personas.
   ◑ Empresas con entre 101 y 250 trabajadores: el comité de empresa está formado por 9 personas.
   ◑ Empresas con entre 251 y 500 trabajadores: el comité de empresa está formado por 13 personas.
   ◑ Empresas con entre 501 y 750 trabajadores: el comité de empresa está formado por 17 personas.
   ◑ Empresas con entre 751 y 1.000 trabajadores: el comité de empresa está formado por 21 personas.

A partir de 1001 trabajadores, se añaden 2 personas por cada 1.000 personas trabajadoras, hasta un máximo de 75 personas.

● **Representantes de las personas trabajadoras designados para negociar acuerdos de trabajo:** se encargan de negociar convenios que se aplican en un grupo de empresas vinculadas por razones organizativas o productivas, así como en convenios sectoriales.

 DEFINICIÓN

Sección sindical

El Diccionario Panhispánico del Español Jurídico la define así: "Unidad organizativa básica de un sindicato, compuesta por trabajadores de una empresa o centro de trabajo afiliados a un mismo sindicato".

 APLICACIÓN PRÁCTICA

María está realizando una formación destinada a sindicalistas en la que aborda las diferentes formas de representación existentes. María quiere que el alumnado adquiera conocimientos prácticos; por ello, plantea un supuesto en el que una empresa tiene dos centros de trabajo en municipios limítrofes, que suman, en total, 50 trabajadores. En tal caso, ¿cuál sería la forma de representación correcta?

Solución

Al ser centros limítrofes que tienen más de 50 trabajadores y menos de 100, se crea un comité de empresa formado por 5 personas.

El art. 63.2 del Estatuto de los Trabajadores especifica lo siguiente:

En la empresa que tenga en la misma provincia, o en municipios limítrofes, dos o más centros de trabajo cuyos censos no alcancen los cincuenta trabajadores, pero que en su conjunto lo sumen, se constituirá un comité de empresa conjunto. Cuando unos centros tengan cincuenta trabajadores y otros de la misma provincia no, en los primeros se constituirán comités de empresa propios y con todos los segundos se constituirá otro.

Es importante indicar que los representantes de las personas trabajadoras se eligen mediante unas **elecciones sindicales.**

Las elecciones sindicales permiten elegir a las personas representantes de las/os trabajadores.

Las votaciones se realizan dentro de un proceso de elección de representante sindical de las personas trabajadoras, que se caracteriza por:

- ➲ **Promoverse de manera generalizada o en un centro de trabajo:** el art. 67 del Estatuto de los Trabajadores (Real Decreto Legislativo 2/2015, de 23 de octubre) establece que pueden promover elecciones a delegados de personal / comité de empresa:

  - ◑ Las organizaciones sindicales más representativas
  - ◑ Las organizaciones sindicales que tengan un mínimo de un 10 % de representantes en la empresa o centro de trabajo
  - ◑ Por acuerdo mayoritario entre los sindicatos más representativos de manera generalizada en uno o varios ámbitos funcionales o sectoriales

Entre las causas para promover las elecciones sindicales se encuentran:

  - ◑ La finalización del mandato de 4 años: en este caso, la promoción podrá efectuarse cuando falten 3 meses para la finalización del mandato.
  - ◑ Cuando el procedimiento de elección haya sido declarado nulo a través de una sentencia o laudo arbitral.
  - ◑ Por revocación del mandato electoral: en este caso es necesario que previamente se haya realizado una asamblea convocada por, al menos, 1/3 del electorado. La revocación no puede plantearse durante la tramitación de un convenio colectivo.

- Cuando hayan transcurrido 6 meses desde el inicio de actividad en un centro de trabajo.
- Determinados casos que permiten la celebración de elecciones parciales, entre los que se encuentran el aumento de la plantilla de un centro de trabajo o para cubrir vacantes por renovación, fallecimiento o dimisión.

➤ **Notificarse a la autoridad laboral:** el acuerdo mayoritario para promover elecciones debe comunicarse a la oficina pública de registro, depósito y publicidad, dependiente de la autoridad laboral correspondiente. En determinados supuestos, se exige además una notificación de preaviso tanto al empresario como a la citada oficina, con al menos 1 mes de antelación al inicio del procedimiento.
Para que el preaviso tenga validez debe:

- Realizarse según modelo oficial.
- Presentarse por promotores legitimados.
- Recoger la fecha de comienzo del proceso electoral (constitución de la mesa electoral entre 1 y 3 meses desde la fecha de registro).
- Contener la identificación inequívoca de la empresa, es decir, todos los datos de la empresa.
- Incluir el acta del acuerdo mayoritario alcanzado.

➤ **Requerir un preaviso a la empresa:** las personas promotoras deben notificar a la empresa el preaviso electoral, con una antelación mínima de un mes de antelación a la empresa. Puede aportar para ello el documento de preaviso presentado en la oficina pública de registro, depósito y publicidad.

➤ **Efectuarse en los centros de trabajo:** las elecciones se realizan en los centros de trabajo, salvo que se vaya a constituir un comité de empresa, en empresas que tengan en la misma provincia centros de trabajo cuyos censos no alcancen los 50 trabajadores, puesto que el comité de empresa se constituirá de manera conjunta conforme a lo establecido en el artículo 63 del Estatuto de los Trabajadores.

➤ **Conllevar para el empresario una serie de obligaciones:** el empresario está obligado a notificar las elecciones sindicales, así como a:

- Comunicar a las personas que han de formar parte de la mesa electoral la celebración de las elecciones.
- Facilitar el censo laboral y los datos necesarios para su constitución.
- Facilitar los medios necesarios para la realización de las elecciones.
- Facilitar las reuniones, los locales, tablones, etc., para que los sindicatos informen de su actividad.
- Facilitar el tiempo para el ejercicio del voto.

 **PARA SABER MÁS**

Accede al siguiente enlace para obtener más información sobre las elecciones sindicales:

https://redirectoronline.com/sscg050po0202

Los sindicatos tienen asignadas una serie de **funciones,** entre las que se encuentran las siguientes:

- ⮩ **Promoción de la igualdad de género:** uno de los roles más significativos de los representantes es abogar por la inclusión de medidas que fomenten la igualdad de género dentro de los acuerdos de negociación colectiva. Esto implica proponer e implementar cláusulas específicas que traten cuestiones como el cierre de la brecha salarial de género, la promoción de mujeres en puestos de liderazgo, el establecimiento de políticas de conciliación familiar y la eliminación de cualquier forma de acoso o discriminación en el lugar de trabajo.
- ⮩ **Establecimiento de medidas de vigilancia y cumplimiento:** es responsabilidad de los representantes asegurarse de que los acuerdos establecidos en materia de igualdad de género sean respetados y cumplidos. Para ello, deben establecer mecanismos efectivos de monitoreo y evaluación de las prácticas laborales. Pueden crear comités de vigilancia que se encarguen de revisar regularmente los progresos y señalar incumplimientos o áreas de mejora. Esto también conlleva la responsabilidad de interponer denuncias o tomar medidas correctivas cuando se identifiquen discrepancias significativas entre la práctica y la teoría.
- ⮩ **Educación y sensibilización:** parte de la responsabilidad de los representantes también consiste en educar a los demás trabajadores y empleadores sobre la importancia de la igualdad de género y las políticas relacionadas. Pueden organizar talleres, sesiones informativas y materiales educativos que fomenten una comprensión más profunda de los beneficios de un entorno de trabajo equitativo y diverso, promoviendo una cultura de respeto y cooperación entre los empleados.

- **Generación de datos e informes:** para fundamentar y fortalecer sus reclamaciones sobre igualdad de género, los representantes deben ser capaces de recopilar y presentar datos y hechos pertinentes sobre la situación dentro de la organización. Esto incluye mantener registros precisos sobre las diferencias salariales, los patrones de promoción, la distribución de tareas y responsabilidades, y cualquier otra variable relevante. Estos informes son cruciales para sostener argumentos durante las negociaciones y para trazar estrategias efectivas hacia la mejora continua.

- **Fomentar el diálogo inclusivo:** los representantes deben dedicar sus esfuerzos a establecer líneas de comunicación claras y efectivas entre todos los miembros de la organización. Esto implica crear espacios o foros donde todas las partes interesadas, independientemente de su género, puedan expresar inquietudes, proponer soluciones y participar en las decisiones que afectan al entorno laboral. El fomento de un diálogo inclusivo garantiza que las voces de todos los trabajadores sean escuchadas y consideradas por igual.

- **Abogacía por políticas laborales equitativas:** los representantes deben utilizar su posición para abogar continuamente por la creación o modificación de políticas internas que promuevan la igualdad de género. Esto podría incluir luchas como la promoción de políticas de no discriminación, adecuación de los recursos maternales y paternales, y adaptación rigurosa de formatos de retribución y reconocimiento a un estándar equitativo.

- **Acompañamiento en la implementación de los planes de igualdad:** una vez que se han acordado las políticas de igualdad, los representantes juegan un papel fundamental en su implementación. Esto implica caminar al lado de los trabajadores y empleadores, verificar que los cambios se estén realizando tal como se acordaron y que las adaptaciones culturales y organizacionales necesarias se estén llevando a cabo.

- **Mediador en casos de conflictos de género:** dado que los entornos laborales pueden no ser inmunes a conflictos relacionados con cuestiones de género, los representantes cumplen la importante función de servir como mediadores imparciales en tales situaciones, ayudando a resolver problemas de manera justa y eficiente, con lo que aseguran que todas las partes sean escuchadas y respetadas.

- **Desarrollo de estrategias de igualdad a largo plazo:** finalmente, los representantes no solo deben centrar su atención en las medidas de igualdad de género inmediatas, sino que también tienen la responsabilidad de trabajar en el desarrollo de estrategias a largo plazo que aseguren que los avances actuales no se pierdan con el tiempo. Esto puede incluir la colaboración con líderes empresariales, la creación de proyectos piloto y la experimentación con nuevas políticas o formatos de trabajo que puedan escalarse con éxito.

En resumen, los representantes de los trabajadores ostentan roles y responsabilidades fundamentales para asegurar el desarrollo y la implementación eficiente de políticas laborales equitativas en la negociación colectiva, promoviendo la igualdad de género dentro de las organizaciones. A través de sus acciones y defensas, buscan garantizar que los **espacios laborales sean más inclusivos y justos para todos.**

 PARA SABER MÁS

Entre la normativa que regula la acción sindical en la empresa se encuentran la Ley Orgánica 11/1985, de 2 de agosto, de Libertad Sindical, y el Real Decreto Legislativo 2/2015, de 23 de octubre, por el que se aprueba el texto refundido de la Ley del Estatuto de los Trabajadores. Puedes obtener más información sobre las diversas normas que regulan el derecho sindical en el Código de Derecho Sindical que elabora la biblioteca jurídica del BOE. Accede a través del siguiente enlace:

https://redirectoronline.com/sscg050po0203

 ACTIVIDAD COMPLEMENTARIA

7. Localiza información sobre las diferentes oficinas públicas de registro a las que hay que notificar la celebración de elecciones sindicales.

 **TAREA 7**

Ana es liberada sindical. Su función es visitar a los trabajadores para informarles sobre las funciones que realizan los sindicatos. En sus visitas, entrega un díptico informativo que las recoge. ¿Qué información debe contener el díptico que entrega?

3.2. Herramientas de participación efectiva

La negociación colectiva, entendida como un proceso concertado entre los empleadores y las representaciones sindicales, se presenta como una plataforma idónea para avanzar en la igualdad de género dentro del ámbito laboral. Sin embargo, para que este proceso sea realmente inclusivo y efectivo, es fundamental el uso de herramientas que faciliten la participación de todos los agentes implicados de manera equitativa, particularmente de las mujeres, tradicionalmente subrepresentadas en estos contextos. Esto es lo que se conoce como **participación equitativa.**

 **DEFINICIÓN**

Participación equitativa

Una participación equitativa significa que tanto mujeres como hombres tienen la oportunidad y las condiciones necesarias para participar activamente en la negociación colectiva. De acuerdo con la Organización Internacional del Trabajo (OIT), la diversidad en los grupos de negociación contribuye a acuerdos más sólidos, ya que aporta una variedad de perspectivas y experiencias que enriquecen el diálogo.

A lo largo de la historia, la falta de representación femenina en las negociaciones ha contribuido a la perpetuación de prácticas laborales discriminatorias. Por tanto, garantizar una participación equitativa no solo responde a un principio de justicia social, sino que también es estratégico para lograr avances reales y sostenibles en la igualdad de género en el lugar de trabajo. Por ello, se comenzaron a implementar **políticas de *mainstreaming***

de género en las políticas públicas, que han favorecido la participación equitativa en las empresas.

 ACTIVIDAD COMPLEMENTARIA

8. Localiza tres documentos sobre *mainstreaming* de género que ayuden en la implementación de actuaciones para alcanzar la igualdad en la empresa. Podrás compartir la descripción con el resto de participantes y así poder recibir retroalimentación para la mejora de tu descripción.

Para asegurar la participación equitativa, los sindicatos utilizan diversas herramientas, que persiguen los siguientes objetivos:

⊃ **Identificar brechas y áreas de mejora:** una herramienta fundamental es el uso de datos desagregados por género. Estos proporcionan una visión clara de la actual representación y participación de mujeres y hombres en todos los niveles de la organización y durante el proceso de negociación. Un análisis riguroso permite identificar brechas y áreas de mejora, facilitando la creación de estrategias para abordar las desigualdades detectadas.

⊃ **Implementar nuevas estrategias que incentiven la participación equitativa:** revisar las actas y los resultados de negociaciones anteriores permite evaluar quiénes han participado efectivamente y qué asuntos han sido prioritarios. Esta revisión histórica ofrece aprendizajes sobre lo que ha funcionado y lo que no, y puede inspirar cambios y la implementación de nuevas prácticas para incentivar una participación más equilibrada.

⊃ **Fomentar una atmósfera inclusiva:** para ello se realizan actuaciones tendentes a capacitar en el liderazgo y la negociación. Así, nos encontramos con que implementar programas de capacitación en habilidades de liderazgo y negociación específicos para mujeres puede ser una herramienta poderosa. Estas capacitaciones deben enfocarse en desarrollar la confianza, la capacidad de influencia y las competencias necesarias para participar activamente en las negociaciones, abordando también posibles sesgos inconscientes que pueden dificultar su participación. Además, es importante realizar programas de mentoría y patrocinio bien estructurados, en los que se emparejen a mujeres con líderes experimentados que puedan guiarlas y apoyarlas en su desarrollo profesional. Estas relaciones pueden proporcionar educación sobre cómo abordar los desafíos específicos a los que se enfrentan las mujeres en roles de negociación y cómo maximizar su potencial para influir positivamente en los resultados de la negociación colectiva.

- ⮞ **Crear estructuras de apoyo:** la creación de comités de igualdad de género dentro de las estructuras de negociación puede asegurar que la perspectiva de género esté integrada y valorizada en todas las etapas del proceso; además, desarrollar redes de apoyo entre mujeres pueden fomentar un sentido de comunidad y solidaridad. Estos foros de comunicación no solo fortalecen la confianza individual, sino que también pueden servir como plataformas para compartir estrategias efectivas, abogar conjuntamente por cambios necesarios y proporcionar apoyo emocional durante los procesos de negociación.

- ⮞ **Fomentar políticas y normativas de apoyo que fomenten la igualdad:** es crucial contar con el respaldo de normativas y políticas institucionales que promuevan la igualdad de género. Estas políticas deben ser dinámicas, adaptándose a los cambios de la organización y del entorno, e incluir mecanismos de seguimiento y evaluación para asegurar que cumplen con su propósito. Dentro de estas se encuentran las políticas de cuotas que establecen directrices que requieren que un cierto porcentaje de puestos en procesos de negociación estén ocupados por mujeres. Estas cuotas pueden ser temporales, establecidas con el objetivo de eliminar brechas de género existentes y facilitar la representación equitativa en un periodo razonable.

IMPORTANTE

Los comités de igualdad deben contar con un mandato claro y recursos suficientes para garantizar su eficacia.

Además, los sindicatos utilizan las nuevas tecnologías para alcanzar estos objetivos. Así, nos encontramos con el uso de:

Plataformas digitales para la participación
- Con el auge de la tecnología, las plataformas digitales se han consolidado como herramientas valiosas para fomentar la participación. Estas plataformas permiten a los participantes colaborar desde cualquier ubicación y superar barreras geográficas y temporales. Pueden incluir funcionalidades para intercambio de ideas, votaciones y discusiones en línea, lo que garantiza la transparencia y el acceso equitativo.

***Software* de gestión de la diversidad**
- El uso de *software* específico para gestionar la diversidad y la inclusión puede ayudar a las organizaciones a visualizar estadísticas de género en tiempo real. Estos sistemas permiten monitorear la evolución de la participación y el impacto de las políticas de igualdad, lo cual facilita la toma de decisiones informadas y la implementación de ajustes cuando sea necesario.

IMPORTANTE

Es esencial establecer mecanismos para la medición y la retroalimentación continuas sobre la participación efectiva en los procesos de negociación. La claridad y la periodicidad de estos reportes permiten ajustar las estrategias y asegurar el cumplimiento de los objetivos de equidad.

El establecimiento de indicadores claros para medir la efectividad de la participación a lo largo del tiempo es crucial. Estos indicadores deben no solo enfocarse en números, sino también en la calidad de las contribuciones y el impacto real que la participación diversa tiene en los acuerdos alcanzados.

APLICACIÓN PRÁCTICA

María está realizando una formación destinada a sindicalistas y desea que estos conozcan las nuevas tecnologías que fomentan la equidad de género en la empresa. ¿Puedes indicarle cuál o cuáles de las siguientes medidas contribuye (n) a eliminar la discriminación por razón de sexo?

Continúa en página siguiente >>

<< Viene de página anterior

- **Implementar medidas de inteligencia artificial que analicen el lenguaje usado en las ofertas de trabajo.**
- **Utilizar plataformas de contratación que evalúen a los postulantes mediante entrevistas en vídeos y utilicen algoritmos que analicen las respuestas.**
- **Utilizar el sistema de gestión de la diversidad e inclusión de AENOR.**
- **Todas las opciones son correctas.**

Solución

Todas las opciones indicadas fomentan la inclusión en la empresa, ya que fomentan la contratación de las mujeres con independencia del género.

3.3. Impacto de la representación en la igualdad

La representación en la negociación colectiva es un pilar esencial para avanzar hacia la igualdad de género en los entornos laborales. A lo largo de las últimas décadas, se ha reconocido que la participación efectiva de grupos diversos, especialmente las mujeres, en instancias de decisión, resulta en acuerdos más inclusivos y equitativos

 IMPORTANTE

Es crucial entender que la representación no se limita únicamente a la presencia numérica o simbólica, sino que implica una participación activa que influya en la elaboración y ejecución de políticas laborales que promuevan la igualdad de género.

La participación de las mujeres en los espacios de negociación, tanto en calidad de negociadoras como de representadas, incide directamente en cómo se perciben e implementan las políticas de igualdad. Interviene en la formulación de cláusulas más equilibradas que tengan en cuenta las necesidades específicas relacionadas al género. La falta de representación efectiva de mujeres tiende a perpetuar estructuras desiguales que pueden pasar desapercibidas, reflejando un sesgo intrínseco que deriva de métodos de negociación previamente dominados por paradigmas masculinos. Por lo tanto, es crucial que la representación de las mujeres no solo sea cuantitativa, sino cualitativa en todas las fases de la negociación.

La participación de las mujeres conlleva, además, una serie de **beneficios.** Entre los mismos se encuentran:

⮞ **Favorecer la creación de entornos laborales más sensibles y receptivos a las necesidades de todas/os sus integrantes:** una de las repercusiones más significativas de la representación efectiva es su capacidad para visibilizar las diferencias de género que influyen en las condiciones laborales. La perspectiva de las mujeres, cuando es legítimamente representada, trae a la mesa cuestiones de acoso laboral, discriminación salarial, déficit de políticas en apoyo a la conciliación laboral y familiar, entre otras problemáticas. La visualización de estas cuestiones es un paso crítico hacia la construcción de entornos laborales más sensibles y receptivos a las necesidades de todos sus integrantes.

⮞ **Mejorar la lucha contra prácticas discriminatorias arraigadas:** la representación también juega un papel activo en la lucha contra las prácticas discriminatorias arraigadas. Las estadísticas han demostrado consistentemente que la presencia de mujeres en la dirigencia de sindicatos y comités de negociación conduce a una revisión más exhaustiva de los acuerdos propuestos, lo que a menudo resulta en beneficios directos, como la disminución de la brecha salarial de género y el incremento de beneficios relacionados con la maternidad, la paternidad y la atención a dependientes.

⮞ **Fomenta la promoción de planes de igualdad:** una consecuencia primaria y tangible de una representación efectiva es la promoción y aplicación más avanzada de los planes de igualdad dentro de las organizaciones. A través de la negociación colectiva, estos planes pueden ser discutidos, ajustados y finalmente implementados en formas que verdaderamente respondan a las prevenciones y expectativas del personal diverso al que se dirigen. La autonomía y la autorregulación que caracteriza a la negociación colectiva permiten una formulación de medidas que es, por naturaleza, más flexible y adaptada a las peculiaridades de cada sector o empresa, ofreciendo así una vía más realista para la implementación de políticas igualitarias.

⮞ **Contribuye al cambio de la cultura organizacional:** es fundamental entender que la representación de las mujeres en las negociaciones colectivas no es una mera cuestión formalista, sino que posee un impacto transformador en la cultura organizacional. Este impacto no solo beneficia a las mujeres, sino que promueve un entorno laboral más democrático para todos. La democracia participativa dentro de las estructuras laborales, reflejada a través de la negociación inclusiva, incrementa el compromiso de los empleados y, por ende, su productividad y satisfacción en general. En el contexto competitivo actual, la mejora de las condiciones laborales y el ambiente organizacional son componentes esenciales para atraer y retener el talento. Un efecto secundario de la mejora en la representación es, por lo tanto, la potenciación del progreso económico de la empresa en conjunto.

➲ **Contribuye al cambio social:** además de las propias ventajas obtenidas dentro del ámbito corporativo, un fortalecimiento de la representación de las mujeres en la negociación colectiva también repercute en términos más amplios, influyendo en el cambio social y la percepción pública sobre roles de género. A través de la exposición y normalización consiguiente de mujeres en roles de liderazgo, se envía un mensaje poderoso que desafía las normas de género tradicionales que han contribuido a la exclusión histórica de las mujeres de estos espacios. Esta visibilidad puede servir como una fuente de inspiración para futuras generaciones de mujeres, alentando su compromiso y participación en sectores previamente dominados por hombres.

El papel de la representación femenina es, por tanto, una cuestión que va más allá de un cumplimiento formal de directrices de igualdad; es un cambio de paradigma necesario para la construcción de un futuro laboral más equitativo e inclusivo. La capacidad transformadora de la representación dentro de la negociación colectiva permanece como una cuestión vital para avanzar hacia la verdadera igualdad de género en el lugar de trabajo y más allá. Si bien los obstáculos son numerosos, los logros potenciales hacen que cada esfuerzo valga la pena, marcando un paso firme hacia una sociedad más igualitaria y justa.

 TAREA 8

Luisa es conocedora de las dificultades que, en algunas ocasiones, pueden tener las personas que representan a las personas trabajadoras para fomentar la participación equitativa. Por ello, está elaborando un argumentario que sirva para rebatirlas y reducir las reticencias que puedan existir. ¿Qué aspectos básicos recogerá este argumentario?

4. Introducción a los planes de igualdad

☞ HILO CONDUCTOR

Isabel considera importante que el alumnado del curso conozca los planes de igualdad, puesto que, junto con la negociación colectiva, son la herramienta básica y fundamental para conseguir la igualdad entre mujeres y hombres en la empresa. Por ello, informa sobre ellos en la formación que está impartiendo.

La búsqueda de la igualdad de género se ha consolidado en la sociedad moderna como una preocupación primordial y una meta ineludible en el ámbito laboral. Al hablar de igualdad de género en el trabajo, es imprescindible traer a colación el concepto *planes de Igualdad*, una herramienta clave para la implementación práctica de políticas que buscan erradicar las desigualdades entre hombres y mujeres. Como se ha visto previamente, cuando se abordó el impacto de la representación en la igualdad, la representación equitativa es solo un pilar, pero la compleja estructura que sustenta la igualdad de género involucra también la planificación, la estrategia y la ejecución precisa mediante los planes de igualdad.

4.1. Aspectos generales

El concepto **planes de igualdad** tiene sus raíces en la respuesta a la necesidad de abordar de manera integral y efectiva las desigualdades laborales. Estas desigualdades pueden materializarse en la remuneración, promoción, contratación y seguridad laboral, entre otros. La evolución de los planes de igualdad está íntimamente ligada a cambios legislativos y sociales. A lo largo de las últimas décadas, la sensibilización en torno a la desigualdad de género ha aumentado, auspiciada por movimientos feministas, organizaciones no gubernamentales y políticas de gobierno que respaldan la igualdad de género.

 **DEFINICIÓN**

Planes de Igualdad

Los planes de igualdad son estrategias sistemáticamente desarrolladas dentro del marco de las organizaciones para garantizar que las condiciones de empleo, formación profesional, desarrollo de carrera, retribución, políticas familiares y condiciones de trabajo generales permitan una igualdad auténtica entre géneros.

Fundamentos legales

Los fundamentos legales de los planes de igualdad difieren de una jurisdicción a otra, pero, en general, se basan en un marco común de principios dirigidos a eliminar la discriminación de género en el lugar de trabajo. En muchas economías desarrolladas, la implementación de planes de igualdad en empresas de cierto tamaño se ha convertido en un requisito legal. La legislación tiende a definir lo que constituye un plan de igualdad, los elementos mínimos que se deben incluir y las obligaciones de los empleadores para realizarlos y actualizarlos.

Entre las normativas internacionales que han fomentado la implementación de planes de igualdad se encuentran las siguientes:

- **Convención sobre la Eliminación de Todas las Formas de Discriminación contra la Mujer:** la Convención sobre la Eliminación de Todas las Formas de Discriminación contra la Mujer (CEDAW, por sus siglas en inglés) fue aprobada por la ONU el 18 de diciembre de 1979, si bien entró en vigor el 3 de septiembre de 1981. Define en su art. 1 qué se considera discriminación contra la mujer y recoge, entre otros aspectos, que los Estados adoptarán medidas para eliminar la discriminación contra la mujer. Entre estas se encuentran medidas que favorezcan la igualdad en el ámbito laboral.
- **Declaración de Beijing:** se promulga en la IV Conferencia Mundial sobre la Mujer en 1995, que se caracterizó por la participación de movimientos feministas. En ella se abordaron diferentes áreas. Entre ellas se analizó la relación entre la mujer y la economía.
- **Tratado de Funcionamiento de la Unión Europea:** la igualdad entre mujeres y hombres es uno de los objetivos de la Unión Europea. Con el paso de los años, la legislación, la jurisprudencia y las modificaciones de los tratados han contribuido a consolidar este principio, así como su

aplicación en la Unión Europea. El Parlamento Europeo siempre ha sido un ferviente defensor del principio de igualdad entre hombres y mujeres. El principio de la igualdad de retribución entre hombres y mujeres para un mismo trabajo está consagrado en los tratados desde 1957. Actualmente, el artículo 157 permite la acción positiva para empoderar a las mujeres; además, nos encontramos con que el art. 19 prevé la adopción de medidas legislativas para luchar contra todas las formas de discriminación, y el 153 permite actuar en el ámbito de la igualdad de oportunidades en el ámbito laboral.

➲ **Carta de los Derechos Fundamentales de la Unión Europea:** con arreglo al artículo 23 de la Carta, la igualdad entre mujeres y hombres se garantizará en todos los ámbitos, incluidos el empleo, el trabajo y la retribución. Esta norma establece, además, que el principio de igualdad no impide el mantenimiento o la adopción de medidas que ofrezcan ventajas concretas en favor del sexo menos representado.

Estas iniciativas no solo representan un compromiso ético, sino también una obligación legal que las empresas deben cumplir, especialmente en economías progresistas.

Componentes

El desarrollo de un plan de igualdad exitoso comienza por una evaluación exhaustiva de la situación existente en la organización y la identificación de las áreas que requieren intervención.

Los componentes de un plan de igualdad reflejan no solo la cultura organizacional, sino también los requisitos legales y las expectativas de los empleados. Entre los componentes más comunes se encuentran:

➲ **Diagnóstico de la situación de la empresa:** incluye el análisis de datos desagregados por sexo en todos los niveles de la organización, para identificar brechas de género en el sector ocupacional, salarios, promociones y formación, entre otros.

➲ **Definición de objetivos y estrategias:** basándose en el diagnóstico, es crucial definir objetivos específicos, medibles, alcanzables, relevantes y temporales (SMART), junto con estrategias para alcanzarlos. Esto garantiza un enfoque claro que incorpora metas realistas y alcanzables.

➲ **Medición de acción positiva:** medidas concretas pueden implicar políticas de contratación que prioricen la incorporación de un número equilibrado de mujeres en posiciones de liderazgo, programas de formación que desarrollen habilidades en grupo subrepresentados o el establecimiento de liderazgos femeninos.

- ➲ **Planificación del cronograma y recursos:** un plan detallado que aborde los recursos necesarios (financieros, humanos y tiempo) es esencial para la implementación efectiva. La asignación de estos debe ser manejada estratégicamente para maximizar el resultado.
- ➲ **Sistema de monitoreo y evaluación:** la implementación efectiva debe estar acompañada de un robusto sistema de monitoreo y evaluación para rastrear el progreso y realizar ajustes si es necesario. Esto implica un seguimiento continuo mediante reportes y revisiones periódicas.

Beneficios y desafíos

El impacto de un adecuado plan de igualdad va más allá de la satisfacción de obligaciones legales. Sus beneficios son tangibles para:

La organización	La sociedad
- Uno de los impactos más directos es el mejoramiento de la moral y la productividad de los empleados. Cuando los trabajadores sienten que reciben un trato justo y se les ofrecen las mismas oportunidades de desarrollo profesional, es más probable que se comprometan y rindan a un nivel superior. - A nivel organizativo, la igualdad de género refuerza la reputación corporativa. Las empresas vistas como líderes en la promoción de la equidad de género ganan prestigio y pueden atraer un talento diversificado, lo cual es crucial en un mercado laboral altamente competitivo. También, la investigación ha demostrado que los equipos diversos son más innovadores y efectivos en la resolución de problemas.	- Los planes de igualdad contribuyen a crear una sociedad más inclusiva y equitativa, a la par que favorecen el desarrollo económico al aumentar el PIB de los países como consecuencia del aumento de la productividad de las empresas entre otros motivos.

No obstante, la implementación de planes de igualdad no está exenta de **desafíos.** Entre los principales se encuentra la **resistencia al cambio,** a menudo arraigada en prejuicios culturales que ven en la igualdad de género una amenaza a las dinámicas de poder establecidas. Para mitigar esta resistencia, la educación y sensibilización de todos los niveles jerárquicos en la empresa es fundamental.

Para contribuir al desarrollo de los planes de igualdad es importante tener en cuenta lo siguiente:

● **Incluir en la elaboración a todas las partes interesadas:** un enfoque basado en las mejores prácticas para el desarrollo de planes de igualdad considera la inclusión de todas las partes interesadas, desde la alta dirección hasta el personal en roles operativos. La participación de los empleados puede lograrse mediante asambleas generales, encuestas de opinión y grupos focales, asegurando que las iniciativas reflejen las necesidades verdaderas del colectivo.

● **Personalizarlo teniendo en cuentas las características de la empresa:** la personalización de los planes a las características específicas de cada empresa es otra buena práctica. Esto requiere flexibilidad y disposición a ajustarse a circunstancias cambiantes, manteniendo alineación con los valores empresariales, sin desviarse de los requisitos legales.

● **Medir el impacto:** debe prestarse especial atención a la medición del impacto y la optimización continua de las políticas establecidas. La falta de seguimiento eficaz puede llevar a la inercia y a la no materialización de los objetivos propuestos, diluyendo la intención original del plan. Es necesario establecer indicadores claros de éxito y sistemas confiables de recopilación de datos para medir el progreso.

4.2. Definición y objetivos de los planes

En el marco de la negociación colectiva, la elaboración de planes de igualdad constituye una acción estratégica esencial para avanzar hacia un equilibrio efectivo entre hombres y mujeres en el ámbito laboral. Los planes de igualdad nacen de la necesidad de estructurar la igualdad de oportunidades dentro de las organizaciones, derrumbando barreras históricas y contemporáneas que afectan de forma desproporcionada a las mujeres en el mercado laboral. Dado que la introducción a los planes de igualdad ha sentado las bases sobre la necesidad y el contexto de estos planes, este apartado profundizará en su definición precisa, así como en los objetivos fundamentales que persiguen.

DEFINICIÓN

Planes de Igualdad
Un plan de igualdad es un conjunto de medidas evaluables que buscan alcanzar la igualdad de trato y oportunidades entre mujeres y hombres dentro de una organización, eliminando cualquier tipo de discriminación por razón de género.

- -

La elaboración de un plan de igualdad requiere de un **diagnóstico previo de la situación,** identificando las áreas donde se presentan desigualdades de género y formulando un conjunto coherente de acciones para corregir esas diferencias. Por ello, los planes de igualdad deben ser:

- **Integrales:** la elaboración de un plan de igualdad requiere un diagnóstico previo de la situación, identificando las áreas donde se presentan desigualdades de género y formulando un conjunto coherente de acciones para corregir esas diferencias, ya que así se puede incidir en las diversas áreas que impiden la igualdad de oportunidades, como son la brecha salarial, la promoción profesional o el acceso a un puesto de trabajo.
- **Estratégicos:** deben ajustarse a las características específicas de cada entidad, ya sea esta una empresa, un organismo no gubernamental o una autoridad pública.
- **Dinámicos:** esto significa que deben poder adaptarse a los cambios que experimenten tanto la organización como el entorno en el que operan. Además, tienen que contemplar un seguimiento y evaluación continuos para asegurar que se cumplen los objetivos propuestos y, de ser necesario, ajustar las acciones estratégicas. En esencia, los planes de igualdad no son documentos estáticos, requieren un compromiso continuo por parte de todas las secciones de la entidad implicada, desde la alta dirección hasta los niveles operativos.
- **Obligatorios:** un aspecto esencial de estos planes es su legalidad y obligatoriedad en diversos contextos legislativos. En muchos países, la elaboración de un plan de igualdad es una exigencia legal para empresas de un determinado tamaño o con determinadas características. Estos requerimientos legales suelen establecerse en función del número de trabajadores o del sector económico, y están destinados a asegurar que ninguna organización quede exenta de abordar cuestiones de igualdad de género.

Los objetivos de un plan de igualdad pueden variar de una organización a otra, dependiendo de sus características particulares y de las dinámicas de género existentes en el entorno de trabajo. Sin embargo, todos los planes de igualdad buscan, de forma general, promover un entorno laboral equitativo y facilitar la inserción y promoción de mujeres en condiciones de igualdad con respecto a sus colegas varones.

A continuación, se detallan los principales objetivos que un plan de igualdad debe perseguir:

- **Erradicación de la brecha salarial:** uno de los núcleos problemáticos más evidentes que un plan de igualdad pretende mitigar es la persistente brecha salarial entre hombres y mujeres. A través del análisis y la reestructuración de las tablas salariales, los planes de igualdad buscan asegurar que mujeres y hombres reciban una remuneración igual por trabajo de igual valor, eliminando así las disparidades salariales injustificadas.
- **Igualdad en el acceso a puestos de responsabilidad y liderazgo:** a lo largo de la historia, las mujeres han estado subrepresentadas en posiciones de liderazgo y toma de decisiones. Un objetivo esencial de los planes de igualdad es facilitar que tengan las mismas oportunidades que los hombres para acceder a roles de mayor responsabilidad y autoridad dentro de la organización.
- **Equilibrio entre la vida profesional y personal:** los planes de igualdad deben incluir medidas que favorezcan la conciliación de la vida personal y profesional para todas las personas empleadas, evitando que las responsabilidades familiares recaigan de manera desproporcionada sobre las mujeres. Esto puede traducirse en acciones como flexibilización de horarios, facilidades para el teletrabajo o puesta en marcha de servicios de guardería.
- **Prevención del acoso laboral y discriminación de género:** otro objetivo crucial es establecer mecanismos efectivos para prevenir y abordar casos de acoso sexual y discriminación por razón de género en el lugar de trabajo. Las políticas deben ser claras, con procedimientos específicos que garanticen un entorno laboral seguro para todas las personas sin excepción.
- **Formación y sensibilización en materia de igualdad:** los planes de igualdad deben incluir programas formativos que eduquen a la plantilla sobre la importancia de la igualdad de género, sensibilizando a todas las personas dentro de la organización sobre los prejuicios y estereotipos que perpetúan las desigualdades de género.
- **Promoción de un lenguaje inclusivo:** un objetivo clave es asegurar que el lenguaje utilizado en la organización, tanto en comunicaciones internas como externas, sea inclusivo y no discriminatorio, lo que contribuye a la construcción de una cultura corporativa que respete y valore la diversidad de género.

- **Revisión de procesos y políticas de contratación y promoción:** es fundamental que los planes de igualdad analicen los procedimientos de contratación y promoción para detectar y corregir cualquier sesgo de género que pueda existir. Esto implica revisar desde las descripciones de puesto y requisitos hasta los propios procesos de selección y las evaluaciones de desempeño.
- **Medición y análisis continuos del progreso:** un plan de igualdad debe tener incorporado un sistema para la monitorización y evaluación continua de la implementación de las medidas propuestas. La recopilación de datos desagregados por género y su análisis periódico ayudarán a identificar áreas de mejora y a ajustar las estrategias implementadas para lograr los objetivos propuestos.

Implementar un plan de igualdad no solamente beneficia a las mujeres dentro de la organización, sino que también genera un impacto positivo a nivel de toda la estructura organizativa. Algunos estudios demuestran que las organizaciones que logran un entorno más igualitario son a menudo más competitivas, innovadoras y presentan un mayor nivel de satisfacción entre sus trabajadores. En un mercado laboral en constante evolución, donde la equidad se erige como un pilar fundamental del desarrollo sostenible, los planes de igualdad no deben considerarse una simple obligación legal o administrativa, sino una oportunidad para fortalecer la cohesión social y organizacional.

 IMPORTANTE

Para que los planes de igualdad alcancen sus objetivos, es imprescindible que cuenten con el apoyo y el compromiso de todas las partes implicadas, incluyendo los órganos de representación sindical y las altas esferas de la dirección empresarial. Solo a través de un esfuerzo conjunto y coordinado se podrán implementar cambios efectivos y persistentes que conduzcan a la desarticulación de las desigualdades de género en el ámbito laboral.

4.3. Elementos clave de un plan

La igualdad de género en el ámbito laboral es una cuestión fundamental en la sociedad contemporánea. A través de la negociación colectiva, se busca implementar de forma efectiva la igualdad entre hombres y mujeres, utilizando los planes de igualdad como instrumentos clave. Anteriormente hemos definido qué son estos planes y cuáles son sus objetivos principales. Ahora, nos adentraremos en los elementos esenciales que deben integrarse en un plan de igualdad para alcanzar su propósito de manera eficiente, estos son los siguientes:

⮕ **Diagnóstico de situación:** el primer paso y fundamental en la elaboración de un plan de igualdad es llevar a cabo un diagnóstico detallado de la situación actual en la organización. Este diagnóstico debe abarcar diversas dimensiones, como la composición de la plantilla (género, edad, cargos, etc.), las condiciones laborales, las políticas salariales, las posibilidades de promoción y el nivel de conciliación entre la vida laboral y personal. Algunas herramientas, como cuestionarios, entrevistas y análisis de datos internos, pueden ser útiles para obtener una visión clara y objetiva de la realidad de la empresa.

El diagnóstico actúa como un mapa que señala las áreas donde existen desequilibrios o brechas de género, permitiendo que el plan de igualdad establezca metas específicas y acciones bien enfocadas. Por ejemplo, si se identifica una desigualdad salarial significativa entre géneros, será crucial explorar las razones de este fenómeno y definir medidas para subsanarlo.

⮕ **Participación de las partes interesadas:** los planes de igualdad deben ser un esfuerzo colaborativo que involucre a todas las partes interesadas en la organización. Esto incluye la dirección, los empleados, los sindicatos, y en ocasiones, entidades externas especializadas en igualdad de género. La participación activa de estos actores es vital para crear un plan que sea relevante y efectivo.

Fomentar un diálogo abierto y participativo asegura que las diversas perspectivas y preocupaciones sean escuchadas y consideradas. Además, este enfoque colaborativo incrementa el compromiso y la responsabilidad compartida con la implementación del plan. El establecimiento de comités de igualdad o grupos de trabajo puede facilitar este proceso colaborativo y dinamizar la implementación de medidas concretas.

⮕ **Objetivos claros y medibles:** un plan de igualdad efectivo debe establecer objetivos claros, concretos y alcanzables que se alineen con las necesidades y metas identificadas en el diagnóstico. Estos objetivos deben ser específicos para poder medir su cumplimiento de manera cuantitativa y cualitativa. Por ejemplo, si uno de los problemas detectados es la escasa representación femenina en puestos directivos, un objetivo podría ser incrementar esta representación en un porcentaje determinado en un plazo específico.

La incorporación de indicadores de progreso es esencial para evaluar el impacto de las acciones implementadas y ajustar el plan según sea necesario. Utilizar la **metodología SMART** (específicos, medibles, alcanzables, relevantes y temporales) puede ser un enfoque útil para definir objetivos eficaces.

- **Medidas y acciones:** tras definir los objetivos, es necesario delinear las medidas y acciones concretas que se llevarán a cabo para alcanzarlos. Estas acciones deben estar alineadas con los objetivos previamente definidos y responder a las necesidades específicas de la organización. Las intervenciones pueden incluir desde la implementación de programas de mentoría para mujeres y ajustes en los procesos de selección y promoción, hasta cambios en las políticas de conciliación.

  Por ejemplo, para abordar un desequilibrio en la representación de género en cargos de liderazgo, una medida podría ser implementar programas de capacitación y desarrollo de liderazgo dirigidos específicamente a mujeres. Además, pueden establecerse políticas de igualdad salarial que garanticen que no existan discrepancias de género en la retribución económica.

- **Recursos asignados:** para el desarrollo y la ejecución efectiva de un plan de igualdad es fundamental asignar recursos adecuados. Esto incluye tanto recursos financieros como humanos. El plan debe contar con un presupuesto específico que cubra los costes asociados a las medidas propuestas, así como el tiempo y la asignación de personal necesario para llevarlas a cabo.

  La inversión en formación, herramientas tecnológicas, contratación de expertos en igualdad de género y otros recursos son indispensables para que el plan no solo quede en un documento, sino que se convierta en una realidad tangible dentro de la organización. La asignación de un equipo o facilitador responsable del seguimiento del plan también es crucial para asegurar su correcto desarrollo y sostenibilidad.

- **Evaluación y seguimiento:** la implementación de un plan de igualdad no puede quedar sin una evaluación constante. Este es un proceso iterativo que requiere revisiones periódicas para asegurar que los objetivos se están cumpliendo según lo previsto. Las evaluaciones deben identificar obstáculos en la implementación y proponer acciones correctivas cuando sea necesario.

  El seguimiento adecuado permite a la organización ser proactiva en la identificación de problemas emergentes y en la adaptación de las estrategias para maximizar el impacto del plan de igualdad. Asimismo, la transparencia en la evaluación y la comunicación de los resultados fortalece la confianza de todos los involucrados y demuestra el compromiso de la organización con la igualdad de género.

- **Comunicación interna y externa:** la comunicación es un componente esencial para el éxito de cualquier plan de igualdad. Una estrategia de comunicación efectiva debe asegurar que todos los miembros de la organización comprendan el propósito, los beneficios y las acciones propuestas dentro del plan de igualdad. Esto implica no solo la distribución de información, sino el fomento de una cultura de igualdad y respeto.

Además, comunicar externamente las acciones y resultados del plan puede fortalecer la imagen de la organización como un lugar comprometido con la igualdad de género, lo que atraerá talento diverso y aumentará la reputación entre clientes y socios.

- ⮕ **Políticas de conciliación y corresponsabilidad:** las políticas de conciliación laboral y personal son fundamentales para promover la igualdad de género en el trabajo, ya que permiten que tanto hombres como mujeres puedan equilibrar sus responsabilidades profesionales y familiares. Medidas como horarios flexibles, teletrabajo, licencias parentales igualitarias y programas de apoyo a la familia contribuyen significativamente a eliminar barreras que tradicionalmente han limitado la participación plena de las mujeres en el ámbito laboral. Fomentar la corresponsabilidad implica no solo crear un entorno donde ambos géneros compartan equitativamente las responsabilidades familiares, sino también desafiar las normas de género tradicionales que encasillan a hombres y mujeres en roles específicos de cuidado y trabajo.

- ⮕ **Formación y sensibilización:** la formación continua y la sensibilización son esenciales para erradicar prejuicios y estereotipos de género que puedan persistir en la organización. Los programas de capacitación sobre igualdad de género y diversidad deben ser parte integral del plan, dirigidos a todas las personas en la organización, desde la alta dirección hasta el personal en general.

  Estas acciones formativas no solo incrementan el conocimiento sobre los beneficios de la igualdad de género, sino que también promueven un ambiente laboral más inclusivo y respetuoso, por lo que sirven como catalizadores para un cambio positivo en la cultura organizacional.

- ⮕ **Análisis de impacto y ajuste:** finalmente, un elemento clave que no debe ser subestimado es el análisis conceptual del impacto que las políticas de igualdad están teniendo dentro de la organización. Esto implica no solo medir el cumplimiento de objetivos, sino evaluar los cambios reales en la cultura laboral, las percepciones de los empleados y las estructuras de poder internas.

  El plan de igualdad debe ser un **documento vivo** que se actualice y ajuste según el contexto y a medida que la organización evoluciona. La implementación exitosa de un plan de igualdad no es un destino, sino un viaje continuo que requiere compromiso, adaptabilidad y visión.

Un plan de igualdad eficaz no es simplemente un conjunto de intenciones bien intencionadas; requiere una planificación cuidadosa que incluya un diagnóstico sólido, la participación de todos, objetivos claros y recursos adecuados.

IMPORTANTE

La comunicación, la evaluación constante y la flexibilidad para realizar ajustes son esenciales para el éxito del plan. Mediante la integración de estos elementos clave, las organizaciones pueden avanzar de manera significativa en su compromiso hacia la igualdad de género, generando un impacto positivo duradero tanto para su personal como para la sociedad en general.

4.4. Beneficios potenciales para las organizaciones

La implementación de la igualdad de género en las organizaciones, a través de herramientas como la negociación colectiva, presenta un abanico de beneficios potenciales que pueden transformar de manera profunda la dinámica interna y externa de una empresa. Más allá de las exigencias legislativas o morales, establecer un **enfoque comprensivo hacia la igualdad de género y los planes de igualdad** se traduce en ventajas tangibles que afectan positivamente distintos aspectos de la organización, y que se manifiestan en los siguientes aspectos:

⮑ **Mejora de la productividad y competitividad:** una de las ventajas más palpables es la mejora de la productividad. Algunos estudios han destacado que la integración equilibrada de género en equipos de trabajo fomenta la creatividad y la innovación, al aportar una amplia gama de perspectivas y enfoques en la resolución de problemas. La diversidad de género se convierte en un motor que alimenta la innovación y potencia las capacidades creativas del equipo. Por ejemplo, una empresa de tecnología que integra en su plantilla a un número igualitario de mujeres en roles de liderazgo ha reportado notables avances en su capacidad para desarrollar productos que satisfacen una base de clientes más diversa.
Este **enfoque multilateral** enriquece la toma de decisiones, reduce las posibilidades de errores costosos y se traduce en una mayor competitividad en el mercado. La diversidad de género ha demostrado, en diversas investigaciones, ser un catalizador para la innovación. Aquellas empresas que integran efectivamente estas prácticas muestran una tendencia a superar a sus competidores.
⮑ **Mejora del clima laboral y reducción de conflictos:** promover la igualdad de género genera un efecto positivo en el clima laboral. Las políticas de igualdad fomentan un ambiente de trabajo más inclusivo y respetuoso, donde cada individuo se siente valorado y escuchado.

Esta percepción de equidad en el trato diario de las organizaciones contribuye a la reducción de tensiones y conflictos internos, lo que a su vez disminuye el desgaste laboral y emocional de los empleados. Un ejemplo claro se encuentra en multinacionales que han implementado planes de igualdad y han visto disminuir notablemente sus tasas de rotación y absentismo. Los empleados, al sentir que sus contribuciones son valoradas de manera equitativa, desarrollan un mayor compromiso hacia la organización. Este compromiso se traduce en menores niveles de rotación, lo cual representa un ahorro significativo en costes de reclutamiento y formación.

◌ **Aumento de la satisfacción del cliente:** la percepción externa de una empresa comprometida con la igualdad es esencial para su reputación. Las empresas que promueven la igualdad de género atraen y conservan a clientes que comparten esos valores. Los consumidores actuales tienden a preferir marcas que demuestran responsabilidad social y consciencia ética.

Esto no solo atrae a clientes, sino que también fortalece la lealtad de estos, quienes ven en estas empresas a socios alineados con sus propios principios. De manera ilustrativa, las compañías que han recibido certificaciones por sus prácticas igualitarias observan un incremento en la satisfacción del cliente, a menudo reflejado en indicadores KPI, como el *Net Promoter Score,* que mide la probabilidad de recomendación por parte de los usuarios.

◌ **Atracción y retención de talento:** en un mercado laboral competitivo, la habilidad de una empresa para atraer y retener a los mejores talentos se ve significativamente favorecida por su compromiso con la igualdad de género. Los trabajadores actuales, particularmente las generaciones más jóvenes, valoran a empleadores que se esfuerzan por implementar prácticas inclusivas y responsables.

Algunas empresas de diversos sectores han logrado atraer a talentos destacados por ofrecer políticas de flexibilidad de horario, licencias parentales extendidas y programas de desarrollo profesional sin sesgos de género. Estos esfuerzos destacan a la organización como un empleador inclusivo y atractivo, lo cual no solo ayuda a atraer talento, sino también a garantizar que este talento tenga el deseo de permanecer y crecer dentro de la empresa.

◌ **Cumplimiento regulatorio y reducción de riesgos legales:** un enfoque claro y transparente respecto a la igualdad de género no solo es una cuestión de conformidad legal, sino que aporta una reducción de riesgos asociados a litigios por discriminación. Las organizaciones que proactivamente implementan planes de igualdad están mejor preparadas para cumplir con las expectativas regulatorias impuestas por leyes nacionales e internacionales. Cumplir con estos estándares no solo evita sanciones potenciales, sino que refuerza la imagen de la empresa como una entidad responsable y comprometida con el bienestar social general.

Por ejemplo, muchas organizaciones que han adoptado planes de acción proactivos han podido destacar su compromiso cultural en sus informes anuales de responsabilidad social corporativa, consolidando así sus relaciones con *stakeholders* clave.

⮞ **Fortalecimiento de la imagen de marca:** la implementación efectiva de políticas de igualdad de género refuerza la imagen de la empresa como un líder socialmente responsable. Esto puede traducirse en beneficios económicos directos, como un aumento en el valor de la marca y una mayor atracción por parte de inversores interesados en apoyar empresas con principios éticos sólidos.

Por ejemplo, una empresa de productos de consumo que lidera en el reconocimiento de igualdad laboral, lo cual se refleja en campañas de marketing más eficaces que demuestran autenticidad y compromiso. Estas campañas no solo fortalecen el posicionamiento de marca, sino que también fomentan una conexión más profunda con el consumidor.

⮞ **Fomento de la innovación continua:** la diversidad de género impulsa la innovación continua dentro de las organizaciones. La implementación de planes de igualdad no solo promueve la diversidad, sino que también crea un ambiente en el que cada individuo se siente empoderado para proponer nuevas ideas. Empresas que han fomentado un entorno inclusivo han reportado una aceleración en su capacidad para adaptarse a cambios del mercado y responder efectivamente a nuevas oportunidades.

Por ejemplo, puede observarse en empresas del sector financiero que, al integrar políticas de igualdad, experimentaron un aumento en el flujo de nuevas propuestas y mejoras en productos financieros personalizados, lo cual les permite posicionarse ventajosamente en un entorno económico en constante evolución.

⮞ **Impacto social y sostenibilidad**: el compromiso de una organización con la igualdad de género tiene impactos que trascienden el ámbito comercial. Las empresas que avanzan hacia la igualdad contribuyen a la creación de una sociedad más justa y equitativa, llevando a cabo un papel esencial en la lucha por lograr el objetivo de desarrollo sostenible número 5 de la ONU: igualdad de género.

Esta contribución no solo enriquece el capital social de la empresa, sino que también refuerza la estabilidad económica global y la integración social. Al liderar con el ejemplo, las organizaciones comprometidas con la igualdad de género están preparadas para inspirar a otras entidades y provocar un cambio positivo de amplio alcance.

5. Resumen

Adoptar una perspectiva de género en la negociación colectiva, conlleva que las organizaciones:

| Cumplan con el mandato legal de la igualdad | Tengan una ventaja competitiva | Contribuyan a que se alcance una igualdad real tangible |

La negociación colectiva se presenta como una herramienta fundamental para promover la igualdad de género en el ámbito laboral, un desafío contemporáneo que exige atención urgente y sostenida. En una sociedad que se mueve hacia la equidad, la labor de integrar la perspectiva de género en las relaciones laborales resulta imperativa. la negociación colectiva dentro del marco de la LOIEMH es más que un simple proceso de diálogo entre trabajadores y empleadores; es una herramienta transformadora que contribuye activamente a erradicar las desigualdades de género en el mundo laboral.

Al incorporar de manera sistemática y coherente la perspectiva de género, se pueden forjar procesos más inclusivos que reflejen las necesidades y aspiraciones de todas las personas, independientemente de su género, en el ambiente laboral moderno. La Ley Orgánica para la igualdad efectiva de mujeres y hombres (LOIEMH) enmarca este objetivo, delineando la negociación colectiva como:

> Un proceso de ajuste a las condiciones de trabajo

> Un espacio vital para la promoción y realización de la igualdad de género

Por otro lado, para maximizar el impacto de la representación en la igualdad, resulta esencial la introducción formal de los planes de igualdad. Estos representan:

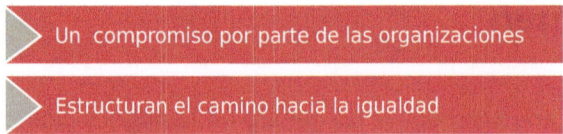

Un compromiso por parte de las organizaciones

Estructuran el camino hacia la igualdad

Los planes de igualdad promueven un entorno más justo y cohesionado, donde el respeto mutuo y la igualdad de oportunidades son los pilares fundamentales, teniendo beneficios potenciales son innumerables para:

La sociedad

Las empresas

Ejercicios de autoevaluación
Unidad de Aprendizaje 2

1. **La negociación colectiva es un mecanismo esencial de diálogo y cooperación que...**

   a. ... busca mejorar las condiciones laborales y económicas más justas y equitativas.
   b. ... persigue eliminar las barreras tradicionales de género.
   c. ... establece actuaciones de evaluación y seguimiento.
   d. Todas las opciones son correctas.

2. **La igualdad retributiva se alcanza mediante:**

   a. Políticas de conciliación de la vida laboral y familiar
   b. Favoreciendo el acceso a puestos de liderazgo
   c. Fomentando la igualdad retributiva
   d. Todas las opciones son correctas.

3. **Determina si la siguiente oración es verdadera o falsa: "Las empresas están obligadas a monitorear el cumplimiento de las cláusulas relativas a la igualdad de género":**

   ■ Verdadero
   ■ Falso

4. **Determina si la siguiente oración es verdadera o falsa: "Las cláusulas sociales no incluyen actuaciones de políticas de igualdad de género".**

   ■ Verdadero
   ■ Falso

5. **Las cláusulas de género se caracterizan por:**

   a. Tener fuerza vinculante.
   b. Aumentar la productividad de las empresas.
   c. Fomentar la innovación.
   d. Todas las opciones son correctas.

6. La incorporación de cláusulas de igualdad conlleva beneficios para:

    a. Las personas trabajadoras
    b. Las empresas
    c. La sociedad
    d. Todas las opciones son correctas.

7. Determina si la siguiente oración es verdadera o falsa: "Las empresas que implementan cláusulas sociales o de género suelen tener una buena reputación, lo que mejora su imagen de marca".

    ■ Verdadero
    ■ Falso

8. Establece el orden en el cual se realiza la evaluación de los acuerdos colectivos:

    a. Diagnóstico situacional
    b. Establecimiento de criterios y métricas
    c. Análisis detallado de las cláusulas y disposiciones de igualdad acordadas
    d. Seguimiento y monitoreo constante del acuerdo colectivo
    e. Desordenar

9. Identificar prácticas exitosas y métodos de evaluación que han demostrado ser efectivos consiste en:

    a. Realizar una retroalimentación con las personas trabajadoras.
    b. Realizar un estudio de casos.
    c. Reconocer y celebrar los éxitos otorgados a través de los acuerdos colectivos.
    d. Todas las opciones son correctas.

10. Determina si la siguiente oración es verdadera o falsa: "Las personas representantes de las y los trabajadores no tienen que estar formándose constantemente en materias relacionadas con la igualdad de género".

    ■ Verdadero
    ■ Falso

Los planes de igualdad: diagnóstico, elaboración e implantación del plan y acciones de seguimiento y evaluación

Contenido

Objetivos

El objetivo general de esta Unidad de Aprendizaje es:

→ Conocer todas las fases que existen en el diseño e implementación de un plan de igualdad de oportunidades entre mujeres y hombres en España en el ámbito laboral.

Los objetivos específicos de esta Unidad de Aprendizaje son:

→ Identificar las diferentes funciones de la Comisión Negociadora del Plan de Igualdad.

→ Diseñar medidas evaluables.

→ Conocer los diferentes apartados que componen el plan de igualdad.

1. Introducción

En un mundo laboral en constante evolución, donde las dinámicas de equipo y el talento humano son recursos imprescindibles para el avance organizacional, se hace cada vez más evidente la necesidad de establecer un entorno equitativo e inclusivo. Aquí es donde los planes de igualdad cobran un papel protagónico. Estos planes son herramientas fundamentales para asegurar que todas las personas, independientemente de su género, sean tratadas con equidad y tengan las mismas oportunidades de desarrollo profesional y personal dentro de una empresa.

La implementación de un plan de igualdad eficaz no es un capricho, sino una respuesta estratégica y necesaria frente a un marco legal cada vez más exigente sobre derechos laborales y igualdad de condiciones. Es crucial contar con un diagnóstico preciso que no solo analice las condiciones actuales, sino que también sirva como punto de partida para la elaboración de estrategias. Este proceso puede ser visto como un ciclo continuo de mejora, donde cada etapa, desde la planificación inicial hasta la evaluación de los resultados, ofrece valiosos aprendizajes que fortalecen el compromiso organizacional.

De igual manera, estas transformaciones requieren la participación de todos los sectores dentro de una organización. La consulta y la participación del personal durante la elaboración e implementación del plan es esencial para asegurar que todos se sientan involucrados y responsables de promover esta cultura de igualdad. Un plano más inclusivo no solo es deseable, sino esencial para la sostenibilidad de cualquier empresa en el siglo xxi que busca no solo ser exitosa económicamente, sino también tener un impacto positivo en la sociedad.

Para ejemplificar el contenido de esta unidad, nos seguiremos basando en el caso de Isabel, quien intenta transmitir en la formación que imparte que los planes de igualdad son más que un proyecto corporativo.

2. Aspectos básicos sobre el plan de igualdad

👉 **HILO CONDUCTOR**

Isabel ha esbozado hasta el momento diversos aspectos que facilitan la implementación de los planes de igualdad, pero considera importante profundizar en ellos. Por ello, en la formación que está impartiendo explica más detalladamente estos aspectos, centrándose en el ámbito normativo y en la estructura de los planes de igualdad.

- -

Un plan de igualdad es una herramienta estratégica fundamental para alcanzar la equidad de género en el ambiente laboral. Su implementación es tanto un imperativo legal en muchos contextos como una excelente práctica para potenciar entornos de trabajo respetuosos, inclusivos y equitativos. Comprender los aspectos básicos de los planes de igualdad es esencial para su correcta elaboración, ejecución y sostenibilidad a lo largo del tiempo.

El punto de partida de cualquier plan de igualdad debe ser un sólido entendimiento de las normativas legales que lo sustentan. En numerosos países, existen marcos legislativos que exigen a las empresas la implementación de estos planes. Estos son:

- **Países de la Unión Europea:** desde su creación, la Unión Europea ha considerado importante luchar contra la discriminación y fomentar la igualdad de oportunidades. Por ello, entre otras actuaciones a nivel político existe la **Estrategia de Igualdad de Género,** la cual persigue avanzar en la igualdad de género:

  - Impulsando legislación sobre igualdad de trato.
  - Integrando la perspectiva de igualdad de género en todas las políticas.
  - Implementando acciones positivas tendentes a la promoción de la mujer.

  En la realización de estas medidas ha contado con la colaboración de diversos organismos supranacionales de la Unión Europea.
- **Países de América Latina y el Caribe:** en América Latina y el Caribe diversos países han implementado planes de igualdad tras la promulgación de normas. Entre estos países se encuentran Bolivia, Brasil, Chile o México, como se pone de manifiesto en diversas publicaciones del CEPAL (Comisión Económica para América Latina y el Caribe de la ONU).

NOTA

La Unión ha adoptado por lo general, con arreglo al procedimiento legislativo ordinario, los siguientes actos legislativos en este ámbito:

- Directiva 79/7/CEE del Consejo, de 19 de diciembre de 1978, relativa a la aplicación progresiva del principio de igualdad de trato entre hombres y mujeres en materia de seguridad social.
- Directiva 92/85/CEE del Consejo, de 19 de octubre de 1992, relativa a la aplicación de medidas para promover la mejora de la seguridad y de la salud en el trabajo de la trabajadora embarazada que haya dado a luz o en período de lactancia.
- Directiva 97/81/CE del Consejo, de 15 de diciembre de 1997, relativa al acuerdo marco sobre el trabajo a tiempo parcial, concluido por la UNICE, el CEEP y la CES.
- Directiva 2000/43/CE del Consejo, de 29 de junio de 2000, relativa a la aplicación del principio de igualdad de trato de las personas independientemente de su origen racial o étnico (en lo sucesivo, "Directiva sobre igualdad racial"), que prohíbe la discriminación por motivos de origen racial o étnico en una amplia gama de ámbitos, como el empleo, la protección social y las ventajas sociales, la educación y los bienes y servicios disponibles para el público, incluida la vivienda.
- Directiva 2000/78/CE del Consejo, de 27 de noviembre de 2000, relativa al establecimiento de un marco general para la igualdad de trato en el empleo y la ocupación.
- Directiva del Consejo 2004/113/CE, de 13 de diciembre de 2004, por la que se aplica el principio de igualdad de trato entre hombres y mujeres al acceso a bienes y servicios y su suministro.
- Directiva 2006/54/CE del Parlamento Europeo y del Consejo, de 5 de julio de 2006, relativa a la aplicación del principio de igualdad de oportunidades e igualdad de trato entre hombres y mujeres en asuntos de empleo y ocupación.
- Directiva 2010/41/UE del Parlamento Europeo y del Consejo, de 7 de julio de 2010, sobre la aplicación del principio de igualdad de trato entre hombres y mujeres que ejercen una actividad autónoma, y por la que se deroga la Directiva 86/613/CEE del Consejo.
- Directiva 2011/36/UE del Parlamento Europeo y del Consejo, de 5 de abril de 2011, relativa a la prevención y lucha contra la trata de seres humanos y a la protección de las víctimas, y por la que se sustituye la Decisión Marco 2002/629/JAI del Consejo.
- Directiva 2011/99/UE del Parlamento Europeo y del Consejo, de 13 de diciembre de 2011, sobre la orden europea de protección.

Continúa en página siguiente >>

<< Viene de página anterior

- Directiva 2012/29/UE del Parlamento Europeo y del Consejo, de 25 de octubre de 2012, por la que se establecen normas mínimas sobre los derechos, el apoyo y la protección de las víctimas de delitos, y por la que se sustituye la Decisión Marco 2001/220/JAI del Consejo.
- Directiva (UE) 2019/1158 del Parlamento Europeo y del Consejo, de 20 de junio de 2019, relativa a la conciliación de la vida familiar y la vida profesional de los progenitores y los cuidadores, y por la que se deroga la Directiva 2010/18/UE del Consejo.
- Directiva (UE) 2022/2381 del Parlamento Europeo y del Consejo, de 23 de noviembre de 2022, relativa a un mejor equilibrio de género entre los administradores de las sociedades cotizadas y a medidas conexas.
- Directiva (UE) 2023/970 del Parlamento Europeo y del Consejo, de 10 de mayo de 2023, por la que se refuerza la aplicación del principio de igualdad de retribución entre hombres y mujeres por un mismo trabajo o un trabajo de igual valor a través de medidas de transparencia retributiva y de mecanismos para su cumplimiento.

 ACTIVIDAD COMPLEMENTARIA

8. Localiza al menos tres organizaciones que asesoren a la Unión Europea en materia de igualdad de género.

La legislación busca garantizar que las prácticas de contratación, promoción y remuneración, entre otras, sean equitativas entre hombres y mujeres, y que se elimine cualquier forma de discriminación en el lugar de trabajo. Además, la normativa también especifica las sanciones por no cumplir con estos requisitos legales, lo que constituye un incentivo adicional para que las empresas tomen medidas proactivas en la elaboración de sus planes de igualdad. Un correcto entendimiento de estas obligaciones legales asegura que los planes no sean meramente simbólicos, sino que estén alineados con la legislación vigente, y se enfoquen en resultados concretos y verificables.

Los planes de igualdad deben establecer **objetivos claros y medibles** desde el principio. Estos objetivos son la brújula que guiará todas las acciones del plan, lo que facilitará la toma de decisiones y la evaluación del progreso. Entre los objetivos más comunes encontramos los siguientes:

- **Eliminar las desigualdades salariales:** persigue corregir cualquier disparidad salarial entre hombres y mujeres que no se justifique por motivos diferentes a la discriminación por género.
- **Fomentar la representación equitativa:** asegurarse de que ambos géneros tengan la oportunidad de estar representados en todos los niveles de la organización, incluyendo los cargos de toma de decisiones.
- **Promover el equilibrio vida-trabajo:** implementar políticas que favorezcan la conciliación de la vida laboral y personal, tales como horarios flexibles, permisos parentales equitativos y teletrabajo.
- **Prevenir y atender el acoso sexual y por razón de género:** crear mecanismos eficaces para prevenir, detectar y actuar ante situaciones de acoso, asegurando un ambiente seguro y respetuoso para toda la plantilla.
- **Desarrollar programas de sensibilización y formación:** fomentar la creación de talleres y cursos de formación sobre igualdad de género y derechos laborales.
- **Diagnóstico de la situación:** un diagnóstico preciso es el pilar sobre el cual se construye un plan de igualdad robusto. Este diagnóstico implica un análisis exhaustivo de la situación dentro de la empresa en términos de género, identificando áreas de desigualdad o brechas de género que necesiten ser abordadas. Algunas herramientas, como auditorías de sueldos, encuestas de clima laboral y entrevistas con empleados, pueden ser útiles para recopilar la información necesaria.
- **Formulación de medidas específicas:** es crucial que, tras el diagnóstico, se formulen medidas claras y específicas que aborden directamente las desigualdades identificadas. Estas medidas deben tener en cuenta las particularidades de la empresa y ser aplicables a su contexto específico.
- **Cronograma y asignación de recursos:** un plan de igualdad necesita un cronograma detallado que establezca cuándo se llevarán a cabo las diferentes acciones propuestas. Además, la asignación de recursos tanto humanos como económicos es esencial para la implementación eficaz del plan. Sin los recursos adecuados, incluso los planes más bien concebidos corren el riesgo de quedarse como intenciones sin materializar.
- **Mecanismos de seguimiento y evaluación:** implementar un plan es solo la mitad del trabajo; la otra mitad consiste en realizar un seguimiento constante y evaluar el impacto de las medidas adoptadas. Establecer indicadores de éxito permite medir el avance hacia los objetivos, con lo que es posible hacer ajustes continuos para asegurar el logro de los resultados deseados.

Junto a ello es importante señalar que uno de los aspectos fundamentales para el éxito de cualquier plan de igualdad es el nivel de compromiso de la organización, comenzando por la alta dirección. Desde la gerencia se deben promover valores inclusivos y de respeto que apoyen la implementación de cambios y aseguren que todos los niveles de la organización estén alineados con los objetivos del plan. Esto propicia un **cambio cultural** que puede llegar a permear toda la organización, creando un entorno laboral más igualitario.

Un compromiso sólido implica más que una mera declaración de intenciones, también requiere acciones tangibles y un liderazgo activo que inspire y direccione el cambiante entorno laboral hacia la igualdad de género que contribuya a eliminar los siguientes desafíos existentes durante la elaboración de planes de igualdad:

- **Resistencia al cambio:** la resistencia puede venir de diferentes niveles dentro de la organización, a menudo impulsada por actitudes tradicionales o malentendidos sobre los objetivos de los planes de igualdad. Esta resistencia puede manifestarse en formas tan sutiles como una falta de cooperación, o tan evidentes como una oposición explícita a las políticas propuestas.
- **Falta de recursos:** en ocasiones, la falta de recursos adecuados, tanto en términos de tiempo como de dinero y personal dedicado, puede obstaculizar la implementación efectiva de un plan de igualdad.
- **Desafíos de medición:** los beneficios de los planes de igualdad, como la mejora del ambiente laboral o el aumento de la productividad, pueden ser difíciles de medir de manera concreta y directa, lo que puede complicar la evaluación del éxito del plan.
- **Compromiso desigual:** en algunas organizaciones, el compromiso con la igualdad de género puede variar significativamente entre departamentos o individuos, lo que crea inconsistencias en la implementación.

Para contrarrestar estos desafíos es fundamental la promoción de **buenas prácticas** que faciliten el éxito de los planes de igualdad. Entre estas prácticas se encuentran:

- **Capacitación continua:** formar al personal para entender la importancia de la igualdad de género y cómo contribuir desde su posición es esencial. Las capacitaciones deben ir dirigidas tanto a personal ejecutivo como a empleados de todos los niveles jerárquicos.
- **Uso de indicadores claros:** el desarrollo de indicadores claros y específicos para medir los avances permite verificar los objetivos y evaluar la efectividad de las acciones emprendidas.
- **Inclusión participativa:** involucrar a todos los miembros de la organización en el proceso de desarrollo e implementación del plan, asegurando que las voces de diversos sectores sean escuchadas y consideradas.

➲ **Comunicar logros y procesos:** la transparencia es clave para ganar y mantener el apoyo hacia el plan. Regularmente, se deben comunicar los avances y las metas logradas, así como las etapas del proceso de implementación.

2.1. Marco legal y normativo

El avance hacia la igualdad de género en el ámbito laboral ha sido, sin duda, un camino lleno de expectativas y desafíos. En este contexto, los planes de igualdad surgen como herramientas fundamentales para garantizar un equilibrio justo y equitativo entre hombres y mujeres en las diversas organizaciones. La base sobre la que se erigen estos instrumentos es, sin lugar a duda, el marco legal y normativo.

Comprender este entramado de leyes y regulaciones es primordial para el diseño, implementación y evaluación efectiva de los planes de igualdad.

La preocupación por la igualdad de género en el ámbito laboral no es un asunto nuevo, aunque su tratamiento formal y estricto se ha consolidado en las últimas décadas. Recapitulando, la base moderna de la igualdad comienza con:

Declaración Universal de los Derechos Humanos	Convención sobre la Eliminación de Todas las Formas de Discriminación contra la Mujer (CEDAW)
- Fue adoptada en 1948 por la Asamblea General de las Naciones Unidas. El artículo 2 establece que toda persona tiene todos los derechos y libertades proclamados, sin distinción de raza, color, sexo, idioma, religión u otras condiciones.	- Adoptada en 1979 por la ONU, constituye otro pilar fundamental. El artículo 11 aborda directamente la política de igualdad en el trabajo, subrayando la importancia de las mismas oportunidades de empleo, igualdad de remuneración y condiciones de trabajo.

La legislación específica vuelve más estructurado este esquema general, lo que llevó a muchos países a desarrollar su propia legislación nacional basada en estos principios fundamentales. Es aquí donde entra en juego la articulación normativa adecuada para asimilar estos estándares y adaptarlos a la realidad de cada contexto legal y social que se promulga. Encontramos las siguientes normas:

- **A nivel supranacional:** resulta pertinente resaltar el impacto que tiene la regulación supranacional, especialmente en el contexto de la Unión Europea, como dinamizador de políticas nacionales de igualdad. La centralización de la legislación europea en torno a este asunto ha llevado a una armonización significativa.

  El Tratado de Ámsterdam, de 1997, introduce directamente la promoción de la igualdad entre hombres y mujeres como un objetivo y tarea de la Comunidad Europea. Seguidamente, la Directiva 2006/54/CE es un referente esencial, al regular la igualdad de trato en el empleo y la ocupación, unificando y actualizando legislación dispersa previa en términos de igualdad de género laboral.

  Asimismo, la Estrategia Europea para la Igualdad de Género impulsa, desde 2020 hasta 2025, importantes acciones dirigidas a reducir las brechas de género y promover la igualdad real y efectiva, estableciendo un marco de múltiples iniciativas legislativas y no legislativas concretas.

- **A nivel nacional:** en los países miembros de la Unión Europea, incluyendo España, la trasposición y adaptación de estas directivas a sus legislaciones nacionales ha sido esencial para la elaboración de políticas tangibles que fomentan la igualdad en el trabajo.

  La **Ley Orgánica 3/2007, para la igualdad efectiva de mujeres y hombres,** se erige como un pilar normativo en España para consolidar una estructura legal de igualdad de género en diversas esferas, incluidas aquellas específicamente laborales. Esta ley establece la integración de los planes de igualdad como un instrumento primordial, y fomenta acciones en pos del cambio cultural y organizacional hacia nuevas maneras de integrar la igualdad en las dinámicas empresariales.

Un desarrollo normativo reciente que hay que destacar es **el Real Decreto-Ley 6/2019,** que recoge modificaciones importantes en materia de igualdad laboral, incluyendo el salario, la conciliación y la ampliación de derechos en los planes de igualdad de las empresas.

Considerando la necesaria vinculación entre el marco normativo y la implementación práctica de estos planes, es imperativo comprender las estipulaciones legales específicas que rigen estas actividades. Son las siguientes:

Ley Orgánica 3/2007
- El artículo 45 de la Ley Orgánica 3/2007 subraya la necesidad de realizar estos planes basados en un diagnóstico previo de la situación que comprenda múltiples aspectos de la realidad laboral y de género de la empresa. Se proporciona un esquema claro que las compañías deben seguir para realizar este diagnóstico y formular el contenido del plan de igualdad eficazmente.

Real Decreto 901/2020
- Este real decreto estipula las normas de desarrollo de estos planes, incluyendo su contenido, diagnóstico y evaluación, lo que consolida un protocolo claro y específico para las organizaciones.

El marco legal y normativo, por lo tanto, establece restricciones y obligaciones. También actúa como facilitador para un cambio sistémico, impulsando la transgresión de fronteras hacia una sociedad más justa e inclusiva. De este modo, seguir construyendo sobre estos cimientos jurídicos llevará, sin duda, a un entorno laboral donde la igualdad entre hombres y mujeres sea la regla y no la excepción.

 IMPORTANTE

Por tanto, es esencial no solo cumplir con la elaboración e implementación del plan, sino también realizar un seguimiento y una evaluación periódicos. El marco legal estipula la necesidad de procedimientos de revisión para asegurar que las medidas implementadas avancen según lo previsto hacia los objetivos de igualdad planteados.

Los planes de igualdad, y su normativa relacionada, representan un compromiso serio con un futuro más equitativo, en el que la igualdad de género será una realidad tangible y efectiva. Para alcanzar este objetivo es necesario que exista:

La negociación colectiva	Un compromiso ético empresarial
- La negociación colectiva es el vehículo para canalizar derechos y obligaciones en torno a los planes de igualdad, adquiere un papel central. Las medidas de igualdad deben surgir del consenso y las negociaciones pertinentes, incorporándose en los convenios colectivos de trabajo. - El diálogo social y la concertación entre empresas y representantes de los trabajadores son elementos fundamentales en la redacción y vigilancia de estos convenios, que promueven un enfoque integral y consensuado de la igualdad. El marco legal apuesta así por una participación de todos los actores en la dinámica del proceso, velando por que la política de igualdad se integre de manera coherente y sistemática en las políticas generales de la empresa.	- La integración de la igualdad efectiva de género va más allá de cumplir con obligaciones legales, es también un compromiso ético de responsabilidad social corporativa. Las empresas tienen la oportunidad de liderar con el ejemplo, mostrando un profundo respeto y compromiso hacia la equidad laboral. Los principios y valores empresariales deben alinearse con esta normativa para hacer de la igualdad no solo un mandato legal, sino parte de la cultura organizacional, lo que contribuye a un cambio positivo en la sociedad en general.

El marco legal brinda un marco sólido para cimentar la igualdad de género en el lugar de trabajo. Sin embargo, los desafíos persisten: las empresas deben enfrentarse a barreras estructurales y culturales que dificultan la implementación efectiva de los planes. No obstante, esto presenta también oportunidades valiosas para la innovación y el desarrollo de estrategias creativas, tanto en la gestión de talento como en la transformación cultural.

 TAREA 9

Lola participa en la comisión negociadora que se va a crear, en cumplimiento de los art. 45 y 46 de la LO 2/2007, de 22 de marzo, para la igualdad efectiva

Continúa en página siguiente >>

<< Viene de página anterior

entre mujeres y hombres. Lola ha sido la persona designada para elaborar el modelo de acta de constitución de la comisión. Este documento, entre otros aspectos, recoge las funciones de la comisión. ¿Qué competencias propondrá Lola que recoja?

2.2. Estructura y contenido del plan

Los planes de igualdad se configuran como herramientas esenciales para promover un entorno laboral equitativo y justo. Aunque se aborda su obligatoriedad desde el marco legal, su efectividad radica en la adopción de estrategias claras y bien estructuradas para asegurar un impacto real en el ámbito laboral, además del mero cumplimiento de los requisitos legales.

Un plan estructurado y con un contenido robusto no solo dota a las organizaciones de herramientas para atender a las desigualdades visibles e invisibles, sino que también construye un entorno productivo y respetuoso para todos sus integrantes.

Por tanto, el diseño y la implementación de un plan de igualdad deben considerarse como un proceso comprometido y bien articulado, que trasciende el cumplimiento normativo y que contiene los siguientes apartados:

- ➲ **Introducción al plan de igualdad:** la sección introductoria de un plan de igualdad establece **el propósito** y **los principios rectores de la iniciativa,** lo que proporciona un panorama general de los objetivos perseguidos. Esta parte del plan debe incluir, necesariamente, una enunciación clara del compromiso de la organización con la igualdad de género, destacando la relevancia de este principio tanto para la institucionalidad interna como para su proyección externa.
- ➲ **Diagnóstico de igualdad de oportunidades: el diagnóstico** alude a la situación de partida de la entidad en cuestiones de género. Un antecedente robusto fundamenta la justificación de las medidas que implementar, lo que otorga mayor credibilidad y sostenibilidad a las intervenciones propuestas. El diagnóstico es una etapa crítica que establece la base sobre la que se construirá el plan de igualdad. Implica una evaluación exhaustiva de la situación actual en la entidad respecto a la igualdad de oportunidades entre hombres y mujeres. Este análisis debe abordar distintas dimensiones, tales como:

◑ Distribución de la plantilla y puestos de trabajo. ¿Existen áreas o niveles jerárquicos con desequilibrios de género?

◑ Revisión de las políticas retributivas y de promoción. ¿Las políticas de compensación favorecen de igual manera a hombres y mujeres?

◑ Análisis de la formación y el desarrollo profesional. ¿Están las oportunidades de formación y crecimiento accesibles por igual para ambos géneros?

◑ Equilibrio entre trabajo y vida personal. ¿Existe flexibilidad para la adecuada conciliación de la vida laboral y personal?

Es recomendable que este diagnóstico se realice con la participación de los comités de igualdad o grupos de trabajo especializados, quienes aseguraran que los hallazgos sean representativos de toda la organización, y que se consideren aspectos cualitativos y cuantitativos.

◔ **Objetivos del plan:** los objetivos del plan de igualdad han de derivarse directamente del diagnóstico. Deben estar formulados de forma clara, realista, y tienen que poder medirse. Entre los objetivos típicos encontramos la eliminación de desigualdades, la promoción de la representación equitativa de todos los géneros en todos los niveles de la organización, y el fomento de la diversidad y la inclusión en el ámbito laboral. Se espera que estos objetivos estén alineados con los valores y la cultura organizacional, así como con las normativas legales vigentes.

◔ **Acciones y medidas concretas:** una vez definidos los objetivos, el plan debe dirigir su enfoque hacia la implementación de acciones concretas diseñadas para alcanzarlos. Las medidas deben ser específicas, alcanzables, relevantes y temporizadas. Algunas acciones pueden incluir:

◑ **Programas de sensibilización y capacitación.** Sesiones de formación sobre igualdad de género, conciencia de sesgos inconscientes y diversidad organizacional.

◑ **Políticas de promoción y retribución equitativas.** Definición de planes de carrera y políticas salariales transparentes, ajustadas para eliminar brechas de género.

◑ **Sistemas de mentoría y empoderamiento.** Crear redes y programas que faciliten el ascenso y desarrollo profesional de las mujeres en la organización.

◑ **Mejoras en la conciliación laboral.** Proyectos piloto de horarios flexibles, teletrabajo y políticas de licencia igualitaria para hombres y mujeres con responsabilidades familiares.

◔ **Cronograma de ejecución:** el cronograma es una pieza esencial del plan de igualdad, ya que en él se describen las etapas y las temporalidades para la implementación de las medidas. Un cronograma eficientemente desarrollado asegurará una adecuada gestión del tiempo y permitirá que todas las partes involucradas en el plan tengan una visión clara de las expectativas temporales de cada acción. Deberán considerarse puntos de control y etapas de revisión donde se evalúe el avance y se realicen los ajustes necesarios.

➲ **Recursos y responsabilidades:** la asignación de recursos humanos, técnicos y financieros es crucial para el éxito del plan de igualdad. En esta sección se define quiénes serán los responsables de implementar las diferentes medidas y qué tipo de recursos estarán destinados para ello. Asignar responsabilidades claras a personas o departamentos garantizará que cada acción cuente con el liderazgo adecuado y que se aborden los desafíos de manera eficiente.

➲ **Evaluación y seguimiento:** un plan de igualdad no puede considerarse completo sin establecer mecanismos de control y evaluación. Esto involucra la identificación de indicadores de éxito, que guiarán la medición de los avances y el impacto de las acciones implementadas. Las evaluaciones deben realizarse de manera periódica para asegurar un seguimiento continuo y permitir ajustes oportunos en el plan. La retroalimentación recibida durante este proceso será vital para optimizar las acciones y confirmar el compromiso organizacional hacia la igualdad de género.

➲ **Conclusiones y proyecciones a futuro:** esta sección final resume el compromiso de la entidad de trabajar hacia la igualdad de género de forma continua, más allá del ciclo de vida del plan actual. Se subraya la intención de establecer una cultura organizacional sensible y receptiva, que pueda adaptarse a los desafíos que del tiempo futuro emerjan. Además, se pueden plantear visiones a largo plazo, enfatizando la importancia de los planes de igualdad como herramientas que no solo beneficien internamente, sino que impacten positivamente en la sociedad en general.

APLICACIÓN PRÁCTICA

María forma parte de la comisión negociadora del plan de igualdad. Debe aportar en la reunión los aspectos que deben evaluarse y medirse en el plan. Indica cuál de las siguientes medidas indicadas debe evaluarse cuando se realiza el diagnóstico previo a la elaboración del plan de igualdad.

• **Distribución de la plantilla y puestos de trabajo: ¿existen áreas o niveles jerárquicos con desequilibrios de género?**

Continúa en página siguiente >>

<< Viene de página anterior

- **Revisión de las políticas retributivas y de promoción: ¿las políticas de compensación favorecen de igual manera a hombres y mujeres?**
- **Análisis de la formación y el desarrollo profesional: ¿son las oportunidades de formación y crecimiento accesibles por igual a ambos géneros?**
- **Todas las materias recogidas en el art 46.2 de la Ley Orgánica 3/2007, de 22 de marzo, para la igualdad efectiva de mujeres y hombres.**

Solución

Todas las materias recogidas en el art. 46.2 de la Ley Orgánica 3/2077, de 22 de marzo, para la igualdad efectiva de mujeres y hombres.

El art. 46.2 establece:

Los planes de igualdad contendrán un conjunto ordenado de medidas evaluables dirigidas a remover los obstáculos que impiden o dificultan la igualdad efectiva de mujeres y hombres. Con carácter previo se elaborará un diagnóstico negociado, en su caso, con la representación legal de las personas trabajadoras, que contendrá al menos las siguientes materias:

a. *Proceso de selección y contratación*
b. *Clasificación profesional*
c. *Formación*
d. *Promoción profesional*
e. *Condiciones de trabajo, incluida la auditoría salarial entre mujeres y hombres*
f. *Ejercicio corresponsable de los derechos de la vida personal, familiar y laboral*
g. *Infrarrepresentación femenina*
h. *Retribuciones*
i. *Prevención del acoso sexual y por razón de sexo*

 **TAREA 10**

Lola participa en la comisión negociadora. Al objeto de no olvidar ningún aspecto importante, ha decidido elaborarse un guion que recoja los diferentes apartados que contiene el plan de igualdad. ¿Qué recogerá el guion que elabora Lola?

2.3. Indicadores de éxito

La implementación de un plan de igualdad en las organizaciones no solo debe centrarse en la elaboración y estructura de este, sino también en cómo medir su efectividad y su impacto a lo largo del tiempo. Es aquí donde entran en juego los **indicadores de éxito,** una herramienta crucial para evaluar si los objetivos del plan están siendo alcanzados y si las acciones tomadas están produciendo los resultados esperados, ya que proporcionan una ruta clara para medir, monitorizar y mejorar las acciones destinadas a promover la igualdad de género en el lugar de trabajo.

 **DEFINICIÓN**

Indicadores de éxito

Los indicadores de éxito son métricas específicas que proporcionan una forma cuantificable de evaluar el progreso hacia los objetivos establecidos en el plan de igualdad. Estos indicadores permiten a las organizaciones determinar si las acciones implementadas están teniendo un impacto positivo en la igualdad de género, si requieren ajustes o si necesitan ser completamente redefinidas.

A través de su correcto diseño, implementación y evaluación continua, los indicadores pueden ayudar a las organizaciones a maximizar sus esfuerzos y asegurar que las acciones tomadas conduzcan a un entorno de trabajo más equitativo y sostenible.

Solo mediante la adopción de un enfoque sistemático y basado en la evidencia, las organizaciones pueden facilitar avances significativos hacia una verdadera igualdad de género en el ámbito laboral. El papel de los indicadores trasciende la simple evaluación del progreso: impulsa la rendición de cuentas, fortalece el compromiso organizacional y fomenta una cultura de mejora continua, puesto que proporcionan la visión de los resultados de acciones e iniciativas mediante el cumplimiento de las siguientes características:

- **Validez:** muestra verdaderas diferencias de puntuación en las características que se pretenden medir.
- **Fiabilidad:** las diferencias en la puntuación se observan en distintos momentos en los que se miden y no son consecuencia de casualidades o, en el peor de los casos, de errores de azar.
- **Sensibilidad:** es capaz de presentar en su resultado distinciones finas de la magnitud que queramos medir. Relacionado con la sensibilidad está el término *precisión*. Un indicador debe ser preciso y lo será en la medida en que su margen de error sea aceptable y el mínimo posible.
- **Comprensible:** debe, ante todo, interpretarse con facilidad, de manera que ofrezca una información determinada y comprensible para todo el mundo que recibe la información.
- **Accesible:** permite su cálculo de manera económica y ágil. Si la recogida de información y tratamiento de la información para generar el indicador fuera demasiado elevada, perdería utilidad.

Además, según el tipo de datos que recojan y su relación con los objetivos del plan de igualdad, los indicadores de éxito pueden clasificarse de la siguiente forma:

- **De análisis:** en la investigación / análisis / evaluación puede ser de naturaleza cuantitativa, cualitativa o mixta:
  - **Indicadores cualitativos.** Se centran en aspectos no numéricos, pero igualmente importantes, como la percepción de igualdad de género entre los empleados, la cultura organizacional respecto al género y el grado de satisfacción de los empleados con las políticas de igualdad. Estos indicadores suelen recopilarse mediante encuestas, entrevistas o grupos focales.
  - **Indicadores cuantitativos.** Estos incluyen métricas numéricas que permiten medir la existencia de desigualdades o cambios en estas. Por ejemplo, la brecha salarial de género en una organización, la proporción de mujeres en posiciones de liderazgo o el número de denuncias relacionadas con discriminación de género.

⮑ **Según la naturaleza de la variable que medir:**

◍ **Indicadores de proceso, conocidos también como indicadores de realización.** Evalúan cómo se están llevando a cabo las acciones planificadas en el plan de igualdad, por lo que son utilizados para evaluar, por ejemplo, los recursos puestos a disposición del programa o proyecto y al uso que se les ha dado.

◍ **Indicadores de resultado.** Pueden ser de naturaleza cuantitativa y cualitativa, y miden los resultados que se han conseguido gracias a las acciones del plan. Por ejemplo, pueden incluir la reducción en la brecha salarial de género, el aumento en la representación femenina en puestos de importancia o la disminución en las barreras de promoción para mujeres.

◍ **Indicadores de contexto.** Consideran factores externos que pueden influir en el éxito del plan de igualdad, tales como cambios legislativos, transformaciones sociales en la percepción de la igualdad de género o movimientos significativos dentro de la industria o sector de la organización.

◍ **Indicadores de impacto.** Miden aspectos que permiten tomar decisiones sobre el mantenimiento, la modificación o la eliminación del plan de igualdad.

⮑ **De naturaleza económica:**

◍ **Eficacia:** analiza la relación entre objetivos planteados y los resultados obtenidos. La eficacia aumenta cuando aumentan los objetivos alcanzados.

◍ **Eficiencia:** relaciona los objetivos alcanzados con los costes/recursos utilizados para su consecución. La eficiencia aumenta cuando disminuye el coste para alcanzar los objetivos.

◍ **Efectividad:** analiza el impacto directo e indirecto de las actuaciones realizadas.

 PARA SABER MÁS

Accede a siguiente enlace para obtener más información sobre los indicadores de género en el siguiente enlace:

Continúa en página siguiente >>

<< Viene de página anterior

https://redirectoronline.com/sscg050po0314

 **APLICACIÓN PRÁCTICA**

Juana forma parte de la comisión negociadora del plan de igualdad y debe aportar en la reunión indicadores que contribuyan a evaluar el impacto de las medidas que se van a implementar en el plan. Indica cuál de los siguientes ítems corresponde con un indicador de impacto.

- **Variación en la segregación vertical y horizontal relacionada con la retribución económica, jornadas laborales, acceso al empleo, etc.**
- **Porcentaje de mujeres y hombres que son atendidos por el servicio.**
- **Número de horas de servicio por sexo y edad.**

Solución

La opción correcta es "Variación en la segregación vertical y horizontal relacionada con la retribución económica, jornadas laborales, acceso al empleo, etc.".

Los indicadores de impacto miden aspectos que permiten identificar si las medidas implementadas contribuyen a la igualdad entre mujeres y hombres en el ámbito laboral.

El diseño y la selección de los indicadores de éxito deben alinearse estrechamente con los objetivos específicos del plan de igualdad y se deben establecer en la fase de planificación. La selección adecuada de indicadores es crucial para proporcionar información relevante que permita a las organizaciones evaluar su desempeño respecto a sus objetivos y realizar ajustes cuando sea necesario. Algunos pasos importantes para el diseño y la selección de indicadores incluyen lo siguiente:

- **Identificación de objetivos principales:** antes de seleccionar los indicadores, es fundamental tener claro cuáles son las metas del plan de igualdad. Estos objetivos pueden variar desde reducir la brecha salarial de género hasta aumentar la representación femenina en ciertos roles o departamentos.
- **Consulta con partes interesadas:** involucra a los empleados, agentes de cambio y otros interesados para asegurar la pertinencia y aceptación de los indicadores. Este proceso fomenta el compromiso organizacional y facilita el acceso a datos relevantes.
- **Relevancia organizacional:** los indicadores deben ser específicos y relevantes para los contextos organizacionales individuales, considerando las particularidades de cada organización, como su tamaño, tipo de industria y cultura corporativa.
- **Disponibilidad de datos:** es esencial evaluar si se dispone de los datos necesarios para medir los indicadores seleccionados. Las organizaciones deben tener en cuenta la facilidad de recopilación de datos y la existencia de recursos para analizarlos efectivamente.
- **Flexibilidad y ajuste continuo:** los indicadores pueden necesitar modificaciones a medida que evoluciona el contexto organizacional y los objetivos. Una revisión periódica de los indicadores permite reflejar mejor el progreso y responder a los cambios.

La implementación efectiva de los indicadores de éxito requiere un proceso continuo que permite a las organizaciones la recopilación y análisis de datos de manera regular y eficaz, lo cual requiere que se establezcan sistemas de información que permitan:

- **Monitoreo continuo:** la supervisión constante de los indicadores ayuda a identificar tendencias y detectar a tiempo cualquier desviación de los objetivos propuestos. Esto asegura que cualquier acción correctiva se pueda implementar en un tiempo oportuno.
- **Análisis de datos:** el análisis sistemático y robusto de los datos obtenidos a través de los indicadores es esencial para generar información significativa que conduzca a una mejor toma de decisiones.
- **Comunicación de resultados:** comunicar de manera clara y transparente los resultados del monitoreo de los indicadores a todas las partes interesadas es fundamental para mantener el compromiso y la transparencia del proceso.
- **Evaluaciones periódicas:** realizar evaluaciones periódicas para obtener una visión global del impacto de las acciones implementadas en el plan de igualdad ayuda a redefinir el rumbo y fortalecer estrategias.
- **Retroalimentación:** incorporar comentarios y propuestas de mejora de las partes interesadas, asegurando que el plan de igualdad siga siendo relevante y efectivo ante los cambiantes desafíos y oportunidades.

La tecnología puede jugar un papel crucial en la monitorización y evaluación de los indicadores de éxito, facilitando el proceso de recopilación de datos, su análisis y la generación de reportes. El uso de bases de datos integradas, *software* de análisis de datos y plataformas de comunicación digital puede reducir la carga administrativa y mejorar la calidad de las evaluaciones, asegurando que las organizaciones no solo trabajen hacia la igualdad de género, sino también la alcancen de manera efectiva.

Las herramientas digitales avanzadas permiten el seguimiento en tiempo real de indicadores claves de desempeño (KPI), la elaboración de presentaciones gráficas y otras métricas relevantes que ayudan a las organizaciones a mantener un enfoque ágil y efectivo en sus esfuerzos por la igualdad de género.

 PARA SABER MÁS

Para ilustrar la efectividad de los indicadores, pueden citarse ejemplos de organizaciones que han logrado importantes avances en igualdad de género, gracias a la aplicación efectiva de estos instrumentos. Esto es lo que se conoce como "estudios de casos". Puedes obtener más información en el siguiente enlace:

https://redirectoronline.com/sscg050po0315

 TAREA 11

Lola participa en la comisión negociadora. Dentro de las medidas que implementar, se va a encargar del área de proceso de selección y contratación. Indica el objetivo, la medida y los indicadores que facilitará Lola al resto de los miembros de la comisión negociadora.

3. Metodología para la elaboración de un plan de igualdad

☞ **HILO CONDUCTOR**

Isabel ha explicado hasta el momento diversos aspectos relacionados con el plan de igualdad, pero no ha explicado lo suficiente el proceso metodológico que facilita la elaboración del plan, por ello ha decidido dedicar un apartado específico.

La implementación de un plan de igualdad robusto y efectivo no solo mejora el ambiente de trabajo y aumenta la satisfacción y retención de los empleados, sino que también el rendimiento global de la organización. Con un enfoque estructurado y metodológico es posible avanzar de manera significativa hacia una igualdad de género más genuina y sostenible, con lo que beneficia no solo a la organización sino también a la sociedad en general.

La elaboración de un plan de igualdad es un proceso integral que busca identificar, abordar y mitigar las desigualdades de género dentro de una organización. Este proceso implica un compromiso interdepartamental y una implicación activa tanto de la alta dirección como de los empleados. Para la creación de un plan eficaz, equitativo y alineado con los objetivos estratégicos de la organización se sigue una metodología que requiere:

⮑ **Compromiso y sensibilización:** el primer paso esencial para la elaboración de un plan de igualdad es obtener un compromiso claro y específico de la alta dirección de la organización. Este compromiso debe estar fundamentado en un entendimiento sólido de los beneficios que la igualdad de género aporta a la organización, no solo en términos de cumplimiento legislativo, sino también en cuanto a productividad, clima laboral y reputación corporativa.
La sensibilización en todos los niveles de la empresa es igualmente crucial. Se debe promover una cultura organizacional que valore y respete la diversidad de género. Esto puede lograrse mediante campañas de sensibilización, talleres y la incorporación de la igualdad de género en los valores y la misión empresarial.

⮑ **Creación de un grupo de trabajo de igualdad:** se debe establecer un grupo de trabajo específico para la igualdad, compuesto por representantes de diversos departamentos y grupos de interés dentro de la organización. Este grupo tiene la tarea de guiar el proceso, recopilar datos, analizar los resultados y proponer acciones concretas.

El grupo de trabajo debería incluir miembros del Departamento de Recursos Humanos, representantes de los empleados, líderes sindicales y, si es posible, consultores externos en igualdad de género. La diversidad del grupo asegura que las diversas perspectivas y preocupaciones se consideren y se aborden de manera integral.

‣ **Diagnóstico de la situación actual:** un diagnóstico preciso es fundamental para entender las dinámicas de género dentro de la organización. Este paso implica la recopilación y el análisis de datos cualitativos y cuantitativos que permitan identificar desigualdades y áreas de mejora. Los indicadores clave establecidos en el capítulo anterior sobre indicadores de éxito son herramientas valiosas durante este proceso de evaluación.

La recopilación de datos debe incluir aspectos como la distribución de género en los distintos niveles de la organización, las políticas salariales, las promociones, los tipos de contrato, el acceso a la formación y desarrollo, las condiciones de seguridad laboral, y la conciliación entre la vida laboral y la personal.

Un análisis de clima laboral, las encuestas de satisfacción y las entrevistas personales pueden proporcionar datos valiosos sobre la percepción de la igualdad de género y los posibles obstáculos identificados por los empleados.

‣ **Determinación de objetivos y metas:** una vez completado el diagnóstico, se deben establecer objetivos claros y específicos alineados con las áreas de mejora identificadas. Estos objetivos deben ser medibles, alcanzables, relevantes y temporales (SMART). Por ejemplo, podría fijarse un objetivo de aumentar el porcentaje de mujeres en puestos de liderazgo en un 20 % dentro de los próximos tres años.

Es fundamental que los objetivos no solo aspiren a cumplir con la legislación vigente, sino que también impulsen cambios significativos y sostenibles en la cultura organizacional.

‣ **Diseño del plan de igualdad:** el diseño del plan de igualdad debe ser un reflejo detallado de los objetivos y metas establecidos. Este plan debe incluir una serie de acciones concretas, plazos claros y responsabilidades asignadas. Las acciones podrían variar desde revisiones salariales y políticas de contratación hasta iniciativas de mentoría y liderazgo para mujeres.

Además, el plan debe integrar estrategias de comunicación interna para garantizar que todos los miembros de la organización entiendan los cambios propuestos y cómo se implementarán.

‣ **Implementación del plan:** la implementación exitosa de un plan de igualdad requiere una planificación cuidadosa. Las acciones deben desplegarse progresivamente y monitorizarse en cada etapa para asegurar su efectividad. Es crucial que el grupo de trabajo de igualdad supervise continuamente este proceso, para lo cual ha de facilitar la comunicación entre los departamentos y actuar como mediadores ante cualquier conflicto o malentendido que pueda surgir. La capacitación del personal sobre nuevas políticas y procedimientos juega un rol crítico durante esta fase. Los programas de formación en sensibilización de género y gestión de la diversidad deben ser accesibles y estar disponibles para todos los empleados.

➲ **Seguimiento y evaluación:** el seguimiento y evaluación continua son vitales para determinar la efectividad del plan de igualdad y hacer ajustes conforme sea necesario. Se deben establecer indicadores de progreso específicos para evaluar el cumplimiento de objetivos y medir el impacto de las acciones implementadas.

El grupo de trabajo de igualdad debe realizar revisiones periódicas del plan y preparar informes detallados para la dirección, fomentando un ciclo de retroalimentación que impulse mejoras constantes. La participación de los empleados en este proceso puede proporcionar valiosas perspectivas sobre qué está funcionando y qué necesita ser revisado.

➲ **Comunicación y retroalimentación:** la comunicación efectiva del progreso y los logros del plan de igualdad son clave para mantener el compromiso y la participación de todos los miembros de la organización. Es importante reconocer y celebrar los logros, independientemente de su tamaño, para motivar a los empleados y mantener una cultura orientada a la igualdad.

Los canales de retroalimentación abiertos deben estar disponibles para que los empleados puedan expresar sus opiniones, preocupaciones y sugerencias, para fortalecer así un ambiente de confianza y cocreación en torno a la igualdad de género.

➲ **Ajustes y actualizaciones del plan:** el contexto social, la legislación y las dinámicas internas pueden cambiar con el tiempo, lo que requerirá que el plan se ajuste y actualice gradualmente. La organización debe estar dispuesta a reinventar sus estrategias y ser proactiva para enfrentarse a nuevos desafíos y oportunidades que promuevan la igualdad de género.

El compromiso continuo con el aprendizaje y la adaptación garantizará que el plan siga siendo relevante y efectivo a largo plazo.

3.1. Etapas del proceso de diagnóstico

El proceso de diagnóstico permite identificar inequidades, desventajas y conductas discriminatorias que puedan existir dentro de una organización, lo que proporciona una base empírica sobre la cual se articularán acciones correctivas eficaces. Esto constituye una fase crítica en la formulación de un plan de igualdad, en la que existen las siguientes etapas:

- **Identificación y definición del contexto organizacional:** la primera etapa del diagnóstico es la identificación y definición del contexto en el que se va a desarrollar el plan de igualdad. Este paso implica una comprensión profunda de la estructura organizacional, sus funciones, el mercado en el que opera y los actores involucrados en la negociación colectiva. También se debe revisar el marco normativo y cultural en el que se inserta la empresa, incluidas las políticas internas existentes sobre igualdad de género. El objetivo primordial es establecer un punto de partida claro para el análisis posterior y asegurar que el diagnóstico tenga en cuenta las particularidades de cada organización.
- **Recopilación de datos cuantitativos y cualitativos:** una vez definido el contexto, es crucial recopilar datos tanto cuantitativos como cualitativos. Esta recopilación se realiza a través de herramientas diversas, como encuestas, entrevistas personales, grupos focales y análisis de documentos internos (como manuales de políticas y descripciones de puestos). Es esencial garantizar la confidencialidad de los participantes para maximizar la honestidad y precisión de la información obtenida.

  - **Datos cuantitativos:** estos incluyen estadísticas sobre la composición de género del personal, tasas de promoción, diferencias salariales entre hombres y mujeres, tasas de contratación, retención y salida, entre otros. También se pueden basar en estudios de percepción sobre el clima laboral y la igualdad de oportunidades.
  - **Datos cualitativos:** incluyen percepciones, actitudes y experiencias individuales o grupales relacionadas con la igualdad de género dentro de la organización. Las entrevistas en profundidad y los grupos focales brindan información valiosa sobre la cultura organizacional y las prácticas cotidianas que no se pueden medir solo con estadísticas.

- **Análisis de los datos recopilados:** esta etapa es crucial para interpretar los datos y comprender las tendencias y patrones que indican desigualdades de género existentes. El análisis puede revelar áreas prioritarias que demandan atención inmediata, como brechas salariales significativas, la subrepresentación de mujeres en posiciones de liderazgo o prácticas de reclutamiento que favorecen inconscientemente a un género sobre el otro. El uso de herramientas analíticas, como *software* estadístico, puede ayudar a elaborar informes detallados que faciliten la comprensión de los problemas identificados. En este análisis, es importante siempre tener en cuenta el impacto cruzado o interseccional, es decir, cómo interactúan otras dimensiones de diversidad como la raza, la educación o la edad con el género. Por ejemplo, una empresa puede descubrir que, aunque las mujeres y los hombres reciben salarios de entrada similares, las mujeres tienden a estancarse en la escala salarial, independientemente de los años de experiencia o rendimiento, lo que indicaría posibles niveles de discriminación indirecta o barreras de promoción internas.

➲ **Detección de problemas y oportunidades de mejora:** los resultados del análisis deben sistematizarse en un diagnóstico que claramente describa los problemas detectados y, donde sea posible, permita visualizar oportunidades de mejora. Este diagnóstico debe presentar tanto los aspectos negativos que limitan la igualdad de género como las fortalezas que una organización puede capitalizar para fomentar un cambio positivo.

Por ejemplo, un diagnóstico puede identificar una falta de programas de mentoría específicos para mujeres que promuevan su desarrollo profesional. Al mismo tiempo, puede destacar la existencia de una política de flexibilidad laboral que, si se aplica eficazmente, podría fortalecer un balance equitativo entre trabajo y vida personal para ambos géneros.

➲ **Definición de prioridades de intervención:** la amplia variedad de problemas identificados en el diagnóstico necesita priorizar acciones específicas de intervención. Este ejercicio implica evaluar el impacto potencial de cada intervención en la reducción de la desigualdad y el coste o viabilidad de implementación. La definición de prioridades debe estar alineada con los objetivos estratégicos de la organización y contar con el consenso de las partes involucradas, especialmente los representantes de los trabajadores y la alta dirección.

Por ejemplo, si la prioridad es reducir la brecha salarial de género, se podría planificar una revisión completa de la política salarial y el establecimiento de un sistema de valoración de puestos que favorezca la equidad.

➲ **Confección de un informe de diagnóstico:** el siguiente paso es la confección de un informe de diagnóstico que sintetice todos los hallazgos, interpretaciones y prioridades de intervención. Este documento debe ser claro, preciso y comprensible para todos los *stakeholders,* desde los gestores hasta los empleados. Además, debe incluir recomendaciones fundamentadas y datos en los cuales se basen esas propuestas.

Este informe servirá como hoja de ruta para el desarrollo de un plan de igualdad. Debe especificar objetivos claros, líneas de acción propuestas y los indicadores de éxito que se usarán para medir el progreso. Por ejemplo, el informe propone desarrollar un programa de formación en igualdad de género para todo el personal, señalando una línea base de competencias de género y metas anuales específicas para promover un cambio cultural progresivo dentro de la organización.

➲ **Validación y *feedback* del diagnóstico:** el informe preliminar debe ser sometido a validación por parte de los diferentes grupos de interés, lo cual puede lograr una apropiación colectiva del diagnóstico y asegurar que todos los puntos de vista han sido considerados. La consulta puede realizarse a través de discusiones grupales, comités de igualdad o reuniones de *feedback*.

Esta retroalimentación puede revelar potenciales lagunas en el diagnóstico inicial o resaltar áreas que requieren atención adicional. También ofrece a los participantes una oportunidad de expresar sus compromisos hacia las acciones futuras, lo que aumenta la aceptación de las medidas propuestas.

El proceso de diagnóstico es esencial para la formulación de un plan de igualdad efectivo y contextualizado con las características de cada organización. Cada etapa del diagnóstico —desde la identificación del contexto, la recopilación y el análisis de datos, hasta la confección y validación del informe— debe realizarse cuidadosamente para asegurar la detección y la posterior corrección de las desigualdades de género.

Mediante un diagnóstico detallado, las organizaciones pueden crear planes de igualdad que no solo busquen el cumplimiento normativo, sino que también aspiren a desarrollar una cultura empresarial inclusiva, justa y respetuosa de las diferencias de género. Este enfoque se traduce en un entorno de trabajo más equitativo, lo que contribuye a una sociedad más igualitaria y justa.

 ACTIVIDAD COMPLEMENTARIA

9. Localiza al menos tres documentos que faciliten el diagnóstico de situaciones discriminatorias entre mujeres y hombres.

3.2. Desarrollo de objetivos y medidas

En el complejo entramado de la dinámica organizacional, los planes de igualdad representan un significativo paso hacia la construcción de entornos laborales equitativos, en los que el género no dictamine los roles ni las oportunidades. Una vez que se ha llevado a cabo un exhaustivo proceso de diagnóstico, como se exploró en el apartado anterior, es vital proceder con el desarrollo de objetivos y medidas que materialicen los ideales de igualdad con acciones concretas. Este apartado explora el corazón operativo de los planes de igualdad: **la elaboración de esos objetivos y medidas.**

Toda planificación eficaz comienza con una clara definición de objetivos. Estos deben derivarse directamente del diagnóstico previo, asegurando que las conclusiones obtenidas sean la base para propuestas específicas de acción. Los objetivos deben ser:

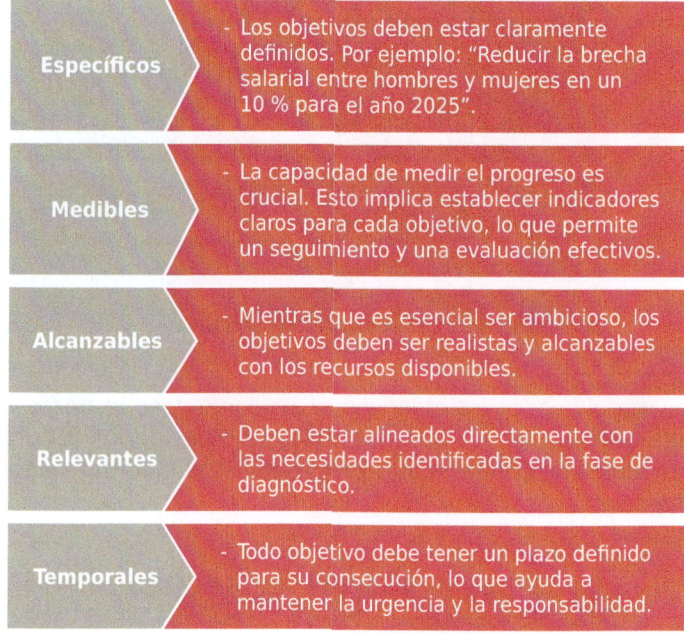

Específicos
- Los objetivos deben estar claramente definidos. Por ejemplo: "Reducir la brecha salarial entre hombres y mujeres en un 10 % para el año 2025".

Medibles
- La capacidad de medir el progreso es crucial. Esto implica establecer indicadores claros para cada objetivo, lo que permite un seguimiento y una evaluación efectivos.

Alcanzables
- Mientras que es esencial ser ambicioso, los objetivos deben ser realistas y alcanzables con los recursos disponibles.

Relevantes
- Deben estar alineados directamente con las necesidades identificadas en la fase de diagnóstico.

Temporales
- Todo objetivo debe tener un plazo definido para su consecución, lo que ayuda a mantener la urgencia y la responsabilidad.

Para definirlos se siguen varios modelos metodológicos, entre los que se encuentra el modelo SMART.

 ACTIVIDAD COMPLEMENTARIA

10. Localiza información que te permita implementar el método SMART para definir los objetivos del plan de igualdad.

Los objetivos, para abordarlos de manera más efectiva, se clasifican en:

Objetivos estratégicos
- Estos son las metas a largo plazo que reflejan la visión de igualdad de género en la organización. Ejemplo: "Construir una cultura organizacional inclusiva".

Objetivos operacionales
- Enfocados en aspectos más inmediatos y específicos, buscarán resolver problemas detectados durante el diagnóstico. Ejemplo: "Aumentar en un 25 % la participación de mujeres en roles de liderazgo en los próximos dos años".

Objetivos específicos
- Detallan acciones concretas dirigidas a nichos particulares. Ejemplo: "Disminuir al 5 % el número de mujeres que experimentan discriminación directa en procesos de promoción".

Una vez delineados los objetivos, el siguiente paso es trazar medidas concretas que permitan alcanzarlos. Estas medidas deben ser prácticas, factibles y alinearse con las metas propuestas. Las medidas se agrupan generalmente en:

Medidas estructurales
- Cambios en las políticas y prácticas organizacionales que favorecen la igualdad de género. Ejemplo: "Implementación de políticas de diversidad de género en procesos de contratación y promoción".

Medidas formativas
- Acciones enfocadas en la educación y sensibilización de los empleados sobre cuestiones de igualdad. Por ejemplo, programas de formación en igualdad de género y diversidad.

Medidas de comunicación
- Estrategias para garantizar que la información sobre el compromiso y los esfuerzos en pro de la igualdad se transmitan de manera eficaz a todos los niveles de la organización. Por ejemplo, campañas internas de sensibilización y comunicación constante sobre las acciones implementadas.

Por tanto, para la implementación efectiva de cualquier plan de igualdad es necesario:

- **Emplear indicadores de seguimiento :** es una parte fundamental para evaluar la efectividad de las medidas, puesto que son una manera objetiva de mirar el progreso contra los objetivos. Los indicadores, tanto cualitativos y cuantitativos, deben desarrollarse juntamente con las medidas para garantizar la claridad en la medición de resultados y el seguimiento constante del plan de igualdad.
- **Asignar recursos:** una adecuada asignación de recursos, tanto humanos como materiales, que permita canalizar los objetivos que se persiguen en cada fase del proceso metodológico relacionado con un plan de igualdad. Las empresas deben estar preparadas para canalizar los recursos necesarios para la formación, desarrollo y evaluación de sus planes de igualdad.
- **Desarrollar objetivos y medidas:** Es un imperativo legal y ético, sino también una estrategia que aporta beneficios tangibles en la retención de talentos, la innovación y la competitividad. Adoptar medidas progresistas y bien construidas, apoyadas por un seguimiento continuo y un compromiso genuino de toda la organización, posiciona a las empresas no solo como líderes en igualdad de género, sino como lugares destacados en atracción de talento y reputación corporativa. Enfrentarse con eficacia a estos retos conlleva una transformación organizacional que engloba el cambio cultural y estructural, proyectando una visión de futuro basada en la equidad y el respeto mutuo.
- **Integrar la perspectiva de género transversalmente:** para que los planes de igualdad sean eficientes y perdurables, es indispensable que la perspectiva de género sea integrada desde las fases más tempranas en la consulta. Esto implica cuestionar las prácticas actuales, visibilizar los sesgos o desigualdades existentes y plantear estrategias diferenciadas que contemplen factores de género. La revisión de los roles de género tradicionales y la identificación de las barreras implícitas deben formar parte del análisis para reestructurar políticas internas y prácticas cotidianas.

Llevar a cabo este proceso no está exento de retos. La resistencia cultural, la falta de recursos y el escepticismo pueden ser obstáculos importantes. Abordar estos desafíos requiere la elaboración de estrategias de mitigación, tales como:

Cultivar una cultura de cambio
- Invertir en campañas de concienciación y sensibilización para eliminar prejuicios y resistencias.

Asegurar el soporte de la dirección
- Obtener el acuerdo y el impulso continuo desde la alta dirección.

Proveer de recursos apropiados
- Asegurar la disponibilidad de recursos humanos y financieros para implementar eficazmente los planes.

Analizar casos prácticos
- Analizar ejemplos de casos prácticos puede ofrecer insights importantes que iluminen mejor los desafíos y las estrategias a los que las organizaciones se enfrentan a la hora de implementar sus planes de igualdad.

👁 EJEMPLO

El caso de una empresa de tecnología que implementó un exitoso programa de mentores para mujeres jóvenes con el objetivo de facilitar el acceso de estas a roles de liderazgo en el ámbito tecnológico.

La empresa, tras diagnosticar una falta de representación femenina en esos roles, estableció como objetivo aumentar la participación de mujeres líderes en un 15 % en tres años. Aplicó medidas de capacitación intensiva y creó un programa de mentores liderado por figuras masculinas y femeninas de alto nivel. Los indicadores clave rastrearon el progreso, permitiendo un ajuste continuo del enfoque basado en datos concretos.

3.3. Participación y consulta en la elaboración

La participación y la consulta en la elaboración de planes de igualdad es un proceso dinámico que requiere flexibilidad y apertura para integrar múltiples perspectivas. Es un proceso continuo, la consulta no debe limitarse a la fase inicial de elaboración del plan. Las organizaciones que aplican estos principios se posicionan mejor no solo para cumplir con los requisitos legales, sino para fomentar una cultura laboral equitativa y justa que sea un modelo para sus colaboradores y el sector en el que operan.

En el contexto de la negociación colectiva y, específicamente, en la elaboración de planes de igualdad, la participación y consulta de los diferentes actores involucrados no solo es un requisito normativo, sino también un factor crucial para el éxito y la efectividad del plan, puesto que:

Mejora la calidad de las soluciones propuestas
- Se asegura que los planes de igualdad no se diseñan ni implementan desde una perspectiva unilateral.

Asegura que haya un compromiso compartido
- Al fomentar el compromiso colectivo hacia la igualdad de género, es esencial propiciar un entorno inclusivo donde se dé valor a las diferentes perspectivas.

Por todo ello, la organización se asegura que haya un equipo dedicado a vigilar el cumplimiento de los acuerdos y la implementación efectiva de las estrategias definidas compuesto por:

- *Engagement* **de la dirección:** además del esfuerzo conjunto de los trabajadores a través de sus representantes, el compromiso y el liderazgo visible de la alta dirección refuerza la seriedad del proceso. Cuando los líderes de una organización se involucran activamente, enviando un mensaje claro sobre la priorización de la igualdad de género, esto motiva a todos los niveles a participar activamente. Algunas prácticas pueden incluir que los altos directivos patrocinen el comité de igualdad o que promuevan jornadas de sensibilización sobre temas de género. La señal de que la igualdad es una prioridad estratégica puede transformar radicalmente la participación de toda la plantilla.
- **Los grupos de interés:** la consulta y el diálogo regular con los sindicatos y los representantes de los trabajadores son cruciales para asegurar que las medidas son reales y alcanzables. Además, en algunas situaciones puede ser beneficioso incorporar expertos o consultores externos en la fase de elaboración y consulta. Estos profesionales pueden ofrecer una perspectiva experta, metodologías validadas y experiencias de otros contextos que hayan sido exitosas. Además, pueden desempeñar un rol facilitador en el proceso de consulta, ayudando a mediar entre las diferentes partes interesadas.

Además, es fundamental fomentar una participación eficaz, para lo cual es necesario:

⊃ **El establecimiento de mecanismos claros y accesibles de consulta,** que favorezcan la consulta de opiniones. Dentro de los diversos existentes, las empresas pueden utilizar:

◊ **Encuestas y cuestionarios:** estas herramientas permiten obtener datos de manera sistemática sobre las percepciones y experiencias de la plantilla respecto a la igualdad de género en la organización. Son útiles para identificar áreas problemáticas y evaluar la efectividad de medidas implementadas previamente.

◊ **Grupos de enfoque:** a través de grupos de enfoque es posible profundizar en los temas identificados como prioritarios o problemáticos, explorando distintas visiones y soluciones posibles. Este enfoque cualitativo favorece el intercambio de experiencias y la identificación de barreras y facilitadores desde la perspectiva de los empleados.

◊ **Reuniones periódicas y comités de igualdad:** la creación de comités específicos para la igualdad de género, integrados por representantes de todos los niveles de la organización, facilita el seguimiento continuo del plan. Estas reuniones deben fomentar un diálogo abierto y constructivo, y estar enfocadas en la resolución de problemas y la mejora continua.

⊃ **Una comunicación abierta y transparente:** un aspecto fundamental en la participación del personal es **la cultura organizacional.** Una cultura que promueva la apertura al cambio, la igualdad y la diversidad es esencial para el éxito del proceso de elaboración de un plan de igualdad. Las organizaciones deben fomentar un ambiente de confianza, en el que los trabajadores sientan que sus opiniones son valoradas y pueden contribuir significativamente. La comunicación abierta y transparente es clave para consolidar este ambiente. Los trabajadores deben ser informados de manera continuada sobre el estado del proceso de elaboración del plan, las decisiones tomadas y los avances alcanzados. Una comunicación eficaz crea un sentido de pertenencia y ayuda a mantener la alineación con los objetivos del plan.

IMPORTANTE

Una vez implementados los mecanismos de participación, es importante evaluar su efectividad para realizar los ajustes necesarios. La evaluación podría incluir autoevaluaciones, auditorías de participación y recepción de *feedback* para verificar que la participación haya sido inclusiva y que se hayan considerado todas las aportaciones significativas.

4. Algunas experiencias de planes de igualdad en las empresas

 **HILO CONDUCTOR**

Isabel procede a explicar algunas experiencias prácticas para que a través del *benchmarking* se adquieran conocimientos que aseguren la implementación de planes de igualdad eficaces.

Los planes de igualdad son instrumentos legislativos y sociales diseñados para impulsar un cambio estructural dentro de las organizaciones. Una implementación genuina de un plan de igualdad requiere convicción, compromiso y, sobre todo, acciones específicas con metas claras.

✎ **NOTA**

El camino hacia la igualdad de género es complejo, pero las experiencias muestran que el compromiso, apoyado por un enfoque cuidadoso y estratégico, puede provocar un cambio duradero y positivo tanto para la empresa como para la sociedad en su conjunto.

El análisis de experiencias de planes de igualdad constituye un elemento crucial para entender tanto los desafíos como las oportunidades que surgen en el camino hacia una mayor equidad de género en el mundo laboral. Estos planes funcionan como herramientas estratégicas para identificar, abordar y reducir las desigualdades de género en el entorno de trabajo, puesto que el análisis de estos planes de igualdad ofrece lecciones valiosas sobre cómo estructurar estrategias efectivas que engloben diversos aspectos, desde cambios en la cultura empresarial hasta el establecimiento de medidas concretas de reclutamiento y desarrollo profesional.

Para favorecer el conocimiento de esas experiencias, se han creado diferentes premios. Un ejemplo de ello es el **distintivo Igualdad en la Empresa,** regulado mediante el **Real Decreto 1615/2009, de 26 de octubre,** como instrumento que pretende reconocer y estimular la labor de las empresas comprometidas con la igualdad.

4.1. Casos de éxito destacados

Los planes de igualdad en el ámbito laboral no solo representan un requisito legal en muchos países, sino que también son una estrategia que puede brindar amplios beneficios tanto para las organizaciones como para sus empleados. La correcta implementación de un plan de igualdad puede llevar a resultados tangibles no solo en términos de equidad y justicia dentro del entorno laboral, sino también en el rendimiento financiero y en la productividad general de la empresa. A continuación, exploramos una serie de casos de éxito de organizaciones que han implementado planes de igualdad de género efectivos, enfatizando las estrategias adoptadas, los retos a los que se enfrentaron y los beneficios obtenidos a partir de sus experiencias.

Caso 1: empresa global de tecnología

Una de las empresas de tecnología más grandes del mundo, que por razones de confidencialidad llamaremos TechGlobal, es un ejemplo prominente de cómo un plan de igualdad bien estructurado puede impactar positivamente en el entorno laboral. En 2015, TechGlobal inició un diagnóstico exhaustivo que reveló desigualdades salariales significativas y brechas de representación de género en cargos directivos. Para solventarlas adoptaron las siguientes estrategias:

- **Revisión salarial:** la junta directiva de TechGlobal aprobó un análisis de equidad salarial para todos los empleados. Posteriormente se ajustaron salarios para corregir estas diferencias.
- **Programas de mentoría:** se lanzaron programas de mentoría y patrocinio dirigidos a mujeres, especialmente en posiciones técnicas y de liderazgo.
- **Objetivos claros de contratación:** se estableció una meta de paridad de género en la entrada y se reservó un porcentaje específico de las vacantes de gestión para el reclutamiento de mujeres.

Estas medidas les permitieron alcanzar, en el plazo de 5 años, una representación femenina del 45 % en sus cargos directivos, que eliminó la brecha salarial de género y, además, se reflejó en un aumento del 30 % en la productividad y un 25 % en las tasas de retención de empleados.

Caso 2: industria de la manufactura

Un segundo ejemplo valioso proviene de una gran corporación de manufactura, llamada aquí FabriCorp. Tradicionalmente dominada por un trabajo intensamente físico, FabriCorp reconoció la necesidad de reinventarse para crear un entorno de trabajo más inclusivo adoptando las siguientes medidas:

> **Reestructuración de procesos de trabajo**
> - Se rediseñaron puestos de trabajo para ser más inclusivos y atractivos para una fuerza laboral diversa, incluyendo avances tecnológicos que redujeron la exigencia física.

> **Capacitación de sesgos inconscientes**
> - Se establecieron talleres obligatorios, dirigidos a erradicar los prejuicios inconscientes, contribuir a un entorno inclusivo y mejorar el trabajo en equipo.

> **Creación de una comisión de igualdad**
> - Se constituyó una comisión directiva destinada a revisar y propiciar políticas que fomentaran la inclusión y la discriminación cero.

Tras la implementación de estas, FabriCorp constató un descenso significativo en las denuncias de discriminación y logró aumentar el número de trabajadoras en línea hasta un 35 %; además, la innovación y mejora de procesos estimulados por la inclusión resultó en una reducción del desecho de material de un 15 %, lo que incrementó la eficiencia general de la producción.

Caso 3: sector de servicios financieros

Una institución financiera, que preferimos identificar como FinServe, adoptó un enfoque integral hacia la igualdad que reformó no solo sus procesos internos, sino también su oferta de servicios al cliente, para lo cual implementó las siguientes estrategias:

Igualdad en la representación
- FinServe lanzó un programa exhaustivo de desarrollo de talento, cuyo objetivo era diversificar su equipo en todos los niveles.

Servicios inclusivos
- FinServe promovió productos y servicios que tuvieran en cuenta las necesidades específicas de las mujeres, al entender su mercado de forma global.

Red de empleados
- Se fomentó la creación de redes de empleados con el propósito de compartir experiencias y establecer alianzas benefactoras entre los géneros.

Tras la implementación de estas medidas, FinServe obtuvo un incremento del 40 % en sus clientes femeninos, que reforzaron su posición en el mercado; pero también tuvo beneficios internos, ya que las evaluaciones sobre el clima laboral mejoraron notablemente. La empresa fue clasificada como uno de los mejores lugares para trabajar para las mujeres durante tres años consecutivos.

Caso 4: empresa de medios de comunicación

La compañía, aquí denominada MediaHub, constituye otro ejemplo iluminador respecto a los planes de igualdad. Dada la visibilidad de la industria, MediaHub reconoció el potencial de servir como modelo del cambio cultural en su entorno y adoptó las siguientes medidas:

Políticas de contenidos inclusivos
- Se evaluaron y ajustaron los contenidos producidos para reflejar una diversidad de voces y perspectivas.

Formación extensiva
- Se instauraron programas intensivos de capacitación, que incluyeron temas como el lenguaje inclusivo y la representación no estereotipada en los medios.

Espacios de diálogo
- Crearon foros tradicionales y en línea en los que los empleados podían discutir e intercambiar ideas sobre igualdad y representación.

La implementación de estas hizo que MediaHub viese un incremento del 15 % en la audiencia de grupos demográficos previamente infrarrepresentados, que obtuviese un valioso reconocimiento por su enfoque de vanguardia en la cobertura de contenido igualitario y que aumentase el compromiso de los empleados: un 85 % de estos se sienten respaldados para discutir temas de igualdad y equidad en el lugar de trabajo.

Caso 5: sector educativo

Finalmente, se destaca el ejemplo de una universidad pública que llamaremos UnivLearn. Consciente del papel crítico que la educación desempeña en la promoción de la igualdad, UnivLearn, para posicionarse como líder en su campo, tomó las siguientes medidas decisivas:

Revisión curricular
- Se rediseñaron los currículos para incluir una perspectiva de género en todos los programas académicos.

Becas de igualdad
- Se establecieron becas específicas para mujeres en disciplinas subrepresentadas como la ingeniería y la física.

Alianzas comunitarias
- Se trabajó en colaboración con organizaciones comunitarias para fomentar la participación de mujeres y grupos subrepresentados.

La implementación de estas medidas llevó aparejado un aumento del 20 % en la matriculación de estudiantes femeninas en programas de ciencias y tecnología, además de mejorar su prestigio y atracción de talento académico diverso. La iniciativa fue reconocida internacionalmente y vinculó a la universidad con instituciones de investigación enfocadas en la igualdad de género, lo que le permitió expandir su influencia y alcance.

IMPORTANTE

Estos estudios de caso demuestran que, más allá de cumplir con los requisitos legales, la implementación efectiva de planes de igualdad impulsa el avance organizacional. Cada ejemplo ofrece lecciones valiosas sobre el carácter transformador de integrar la equidad de género como pilar estratégico en el mundo laboral, lo que beneficia no solo a las organizaciones, sino también a la sociedad en conjunto.

4.2. Desafíos comunes y soluciones

La implementación de planes de igualdad en el ámbito de la negociación colectiva implica enfrentarse a una serie de desafíos que, aunque comunes, pueden variar según el contexto de cada organización. Afortunadamente, también existen estrategias eficaces para superarlos y asegurar el éxito en la promoción de la igualdad de género. A continuación, se analizan los desafíos más frecuentes en este ámbito y se proponen soluciones para abordarlos adecuadamente:

- **Cultura organizacional resistente al cambio:** uno de los principales desafíos es la resistencia al cambio en la cultura organizacional. Muchas veces, las empresas se encuentran con una cultura profundamente arraigada que no favorece la igualdad de género y dificulta la implementación de medidas transformadoras. Esta resistencia puede manifestarse a través de actitudes, valores y comportamientos que perpetúan desigualdades.
  Para enfrentarse a este desafío, es esencial trabajar en la sensibilización y formación del personal, empezando por la alta dirección y llegando a todos los niveles de la empresa. La implementación de programas de capacitación sobre igualdad de género, como talleres y seminarios, puede ayudar a cambiar actitudes y comportamientos. Además, la comunicación clara de los beneficios de la igualdad de género, tanto para los empleados como para la organización, es fundamental para ganar el apoyo de todos los involucrados.
- **Falta de compromiso de la alta dirección:** la falta de compromiso de la alta dirección puede ser un obstáculo significativo en el desarrollo e implementación de planes de igualdad. Sin un liderazgo sólido que apoye y promueva estas iniciativas, es difícil lograr un impacto real y sostenible.

Para lograr el compromiso de la alta dirección, es crucial involucrar a los líderes en todas las etapas del proceso de implementación del plan de igualdad. La formación en competencias de liderazgo inclusivo puede ser una estrategia eficaz. Además, alinear los objetivos de los planes de igualdad con los valores y la misión de la organización puede ayudar a que estos líderes se conviertan en patrocinadores activos del cambio.

⇒ **Insuficiente asignación de recursos:** muchas veces, los planes de igualdad no reciben los recursos adecuados, ya sea en términos de presupuesto, personal o tiempo. Esto puede llevar a la implementación improvisada de las medidas propuestas, que a menudo resulta en esfuerzos infructuosos.

Para contrarrestar este desafío, es importante realizar un análisis exhaustivo de las necesidades de recursos al planificar la implementación del plan de igualdad. Presentar un caso de negocio sólido que demuestre el valor económico y social de la igualdad de género puede también ayudar a asegurar recursos adecuados. Además, establecer un comité dedicado a supervisar la igualdad de género dentro de la organización puede garantizar un seguimiento continuo del uso de recursos y del progreso de las acciones adoptadas.

⇒ **Escasa participación de los empleados:** la participación insuficiente de los empleados en el proceso de desarrollo e implementación del plan de igualdad puede limitar su efectividad. Esto puede deberse a la falta de interés, al desconocimiento de los beneficios personales y colectivos, o a una sensación de desconexión con las medidas propuestas. Involucrar a los empleados desde el inicio en el diseño de las acciones del plan de igualdad a través de métodos participativos puede aumentar su compromiso con el proceso. La creación de grupos de trabajo o comités de igualdad que incluyan representantes de todas las áreas de la empresa puede fomentar un sentido de pertenencia y responsabilidad compartida. Además, utilizar técnicas de comunicación efectivas que informen a los empleados sobre los objetivos y beneficios del plan es esencial para lograr su participación.

⇒ **Ausencia de indicadores claros y medibles:** una de las dificultades frecuentes es la carencia de indicadores claros y medibles que permitan evaluar el progreso de las medidas implementadas. Sin herramientas adecuadas para el seguimiento, resulta complicado identificar áreas de mejora o si las acciones adoptadas están teniendo el efecto deseado. La selección y desarrollo de indicadores cualitativos y cuantitativos pertinentes, que reflejen los objetivos estratégicos del plan de igualdad, es crucial para su evaluación y seguimiento. Establecer metas concretas y plazos claros facilitará el monitoreo y la rendición de cuentas. El uso de nuevas tecnologías y herramientas analíticas puede mejorar el proceso de recopilación y análisis de datos, lo cual proporciona información valiosa para guiar la toma de decisiones.

- **Incompatibilidad con otras políticas organizacionales:** a menudo, los planes de igualdad pueden entrar en conflicto con otras políticas organizacionales existentes, como aquellas relacionadas con el rendimiento, las promociones o la evaluación de desempeño, lo que puede obstaculizar su implementación.

  Revisar y, si es necesario, modificar las políticas existentes para garantizar que sean compatibles con la igualdad de género es esencial. Es útil llevar a cabo un análisis exhaustivo de las políticas internas para identificar aquellas que podrían suponer barreras para la igualdad y desarrollar estrategias para alinearlas con los nuevos objetivos de igualdad establecidos. El establecimiento de un enfoque integrado que implique a todos los departamentos de la organización puede facilitar esta armonización.

- **Falta de transparencia y comunicación:** la comunicación deficiente y la falta de transparencia respecto a las acciones y resultados del plan de igualdad pueden generar desconfianza y desmotivación entre los empleados, y afectar negativamente su implementación. Establecer canales de comunicación abiertos y transparentes, y comunicar regularmente el progreso y los éxitos del plan de igualdad, es fundamental para mantener informados y motivados a todos los miembros de la organización. La incorporación de plataformas digitales para facilitar la interacción y la retroalimentación continua puede mejorar significativamente la percepción y el apoyo hacia el plan.

- **Enfrentamiento ante estereotipos de género y discriminación:** El arraigo de estereotipos de género y conductas discriminatorias puede ser un desafío persistente que dificulte la igualdad efectiva en el ambiente laboral. Estos prejuicios pueden influir negativamente en las decisiones de contratación, promoción y evaluación, y perpetuar desigualdades.

  Para afrontar este problema, es fundamental implementar programas de formación continua que desafíen estos estereotipos y fomenten la comprensión y aceptación de la diversidad. La promoción de una cultura inclusiva, que celebre la diversidad de género en todos los niveles, contribuirá también a la reducción de la discriminación. Además, la creación de protocolos claros y confidenciales para denunciar y abordar situaciones de discriminación puede aumentar la confianza en el compromiso de la organización con la igualdad.

- **Dificultades en la conciliación laboral y personal:** la conciliación entre la vida laboral y personal sigue siendo un desafío significativo, especialmente para las mujeres, debido a las responsabilidades adicionales de cuidado que recaen desproporcionadamente sobre ellas. Las expectativas desiguales respecto al género pueden limitar la participación de las mujeres en el mercado laboral y sus oportunidades de desarrollo profesional. Implementar políticas de conciliación más flexibles, como horarios flexibles, teletrabajo y permisos parentales igualitarios, puede aliviar las dificultades de conciliación. La promoción de una cultura de corresponsabilidad, que aliente a todos los empleados a compartir responsabilidades familiares, es igualmente imprescindible. Además, el apoyo concreto a las madres trabajadoras a través de programas de retorno al trabajo y la provisión de servicios de cuidado infantil puede impactar positivamente en la igualdad de género.

4.3. Evaluación continua de los planes implementado

La igualdad de género en el ámbito laboral es un objetivo esencial para el desarrollo de una sociedad equitativa y justa. Los planes de igualdad, elaborados e implantados mediante la negociación colectiva, constituyen una herramienta fundamental para alcanzar este propósito. No obstante, la mera implementación de esos planes no garantiza el éxito; es imprescindible realizar una evaluación continua que asegure su efectividad, detecte desviaciones y posibilite ajustes necesarios.

La evaluación continua de los planes de igualdad se asienta sobre tres pilares fundamentales:

➲ **Monitoreo de indicadores clave de rendimiento (KPI):** los indicadores clave de rendimiento (KPI por sus siglas en inglés) son métricas específicas que permiten cuantificar el progreso hacia el cumplimiento de los objetivos establecidos en un plan de igualdad. La elección de los KPI adecuados es decisiva para que la evaluación sea efectiva. Para empezar, es importante definir indicadores específicos, medibles, alcanzables, relevantes y temporales (SMART). Por ejemplo, un KPI puede estar relacionado con el porcentaje de mujeres en posiciones de liderazgo dentro de una organización; otro KPI relevante podría ser el porcentaje de igualdad salarial entre hombres y mujeres en roles equivalentes.
Un sistema de monitoreo robusto debe estar instaurado para recoger estos datos de manera continua. Esto puede implicar el uso de *software* de gestión de recursos humanos, encuestas internas y análisis de rendimiento. La recopilación regular de estos datos permite identificar tendencias, éxitos y puntos críticos donde los desajustes de género persistan.
➲ **Mecanismos de retroalimentación:** la retroalimentación es esencial para ajustar y reafirmar las estrategias de los planes de igualdad. Este proceso debe involucrar a todos los actores relevantes (dirección, personal de recursos humanos, empleados y organizaciones sindicales) para garantizar una perspectiva amplia y multidimensional. Se deben establecer mecanismos de comunicación claros para obtener retroali-

mentación sobre el impacto de las medidas implementadas. Esto puede incluir entrevistas, encuestas anónimas y sesiones de discusión grupal. La retroalimentación puede revelar nuevas barreras no anticipadas o subrayar lo efectivas que algunas medidas han resultado ser.

Por ejemplo, una encuesta interna podría revelar que las políticas de trabajo flexible, diseñadas para facilitar la conciliación de la vida laboral y familiar, han sido bien recibidas por los empleados y han mejorado notablemente la percepción sobre la equidad de género en la empresa.

⊃ **Revisión periódica de objetivos y medidas:** la revisión regular de los objetivos de los planes de igualdad es vital, dado lo dinámico que es entorno laboral y social. Las necesidades y expectativas pueden cambiar con el tiempo, y lo que inicialmente fue un objetivo pertinente puede perder relevancia. El contexto económico, social y legal también evoluciona y puede exigir adaptaciones en los planes de igualdad. Se recomienda realizar revisiones semestrales o anuales de los planes de igualdad. Durante estas revisiones, se debe evaluar el progreso hacia los KPI establecidos y considerar si los objetivos iniciales siguen siendo apropiados. En caso de que no se estén cumpliendo las metas, será fundamental identificar las causas subyacentes y modificar las estrategias en consecuencia.

Además, las revisiones pueden ofrecer la oportunidad de innovar y fortalecer el compromiso hacia la equidad. Por ejemplo, si un objetivo fue reducir la brecha salarial, se podría ampliar para incluir la implementación de programas de mentoría para mujeres, con el fin de preparar a más candidatas para posiciones de liderazgo.

Para ilustrar la importancia de la evaluación continua, consideremos un caso hipotético: una empresa multinacional del sector tecnológico que ha implementado un plan de igualdad ambicioso con objetivos claros para aumentar la representación femenina en roles técnicos avanzados. La evaluación que realiza pose las siguientes etapas:

⊃ **Etapa Inicial:** una vez implementado el plan, la empresa introduce KPI específicos, por ejemplo el porcentaje de mujeres en roles de ingeniería avanzada, la tasa de retención de empleadas en áreas técnicas y la frecuencia de promociones de mujeres en estos roles.

⊃ **Recolección de datos:** la compañía utiliza herramientas de análisis de datos integradas en su sistema de gestión de recursos humanos para hacer un seguimiento mensual de estos indicadores. Los datos revelan que, aunque más mujeres están siendo contratadas en roles técnicos, la tasa de retención disminuye después de dos años.

⊃ **Retroalimentación:** mediante encuestas y grupos focales, descubren que las trabajadoras sienten que las oportunidades de desarrollo profesional son limitadas. Esta percepción de falta de crecimiento es una de las causas señaladas para su deserción laboral.

⮥ **Revisión y adaptación del plan:** con base en estos hallazgos, la empresa decide ajustar su plan de igualdad para incluir programas de desarrollo profesional y *coaching* dirigidos a mujeres en roles técnicos, así como revisar sus políticas de promoción para hacerlas más transparentes y equitativas.

A través de este proceso iterativo de evaluación continua, la empresa no solo puede adaptar sus estrategias para abordar las necesidades cambiantes, sino también retener el talento femenino y cumplir sus objetivos de igualdad de género.

La evaluación continua de los planes de igualdad no es un mero complemento del proceso de implementación, sino una parte integral y crítica para asegurar el éxito sostenido de estos planes. Una evaluación efectiva no solo mide resultados, sino que también ayuda a construir una cultura organizacional que valore y promueva la igualdad.

5. Resumen

La igualdad de género ya es:

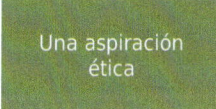

La igualdad de género ayuda a las organizaciones a consolidarse en un mercado global, competitivo y diverso que persigue:

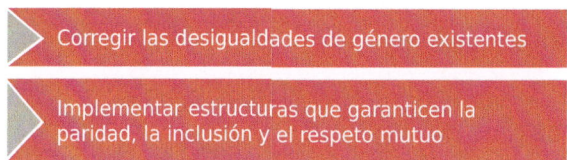

Por todo ello, a través de las normas se fomenta la implementación de los planes de igualdad tanto a nivel nacional como internacional para:

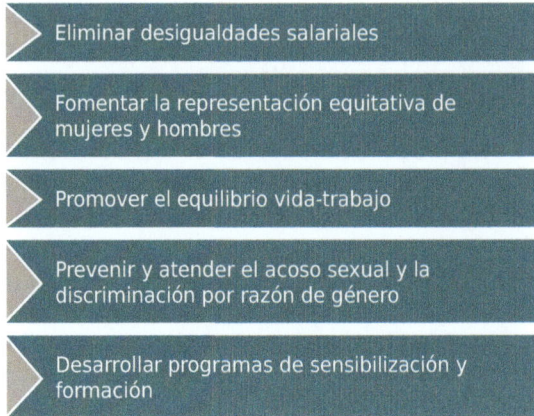

- Eliminar desigualdades salariales
- Fomentar la representación equitativa de mujeres y hombres
- Promover el equilibrio vida-trabajo
- Prevenir y atender el acoso sexual y la discriminación por razón de género
- Desarrollar programas de sensibilización y formación

La implementación de los planes de igualdad requiere de un compromiso ético empresarial y de un trabajo coordinado con los representantes de las personas trabajadoras, así como:

- Efectuar un diagnóstico de la situación
- Formular medidas específicas
- Elaborar un cronograma y asignar recursos
- Establecer mecanismos de seguimiento y evaluación

La metodología para elaborar un plan de igualdad eficaz es un proceso detallado que requiere un enfoque estratégico y participativo, que se caracteriza por seguir el siguiente esquema de contenidos:

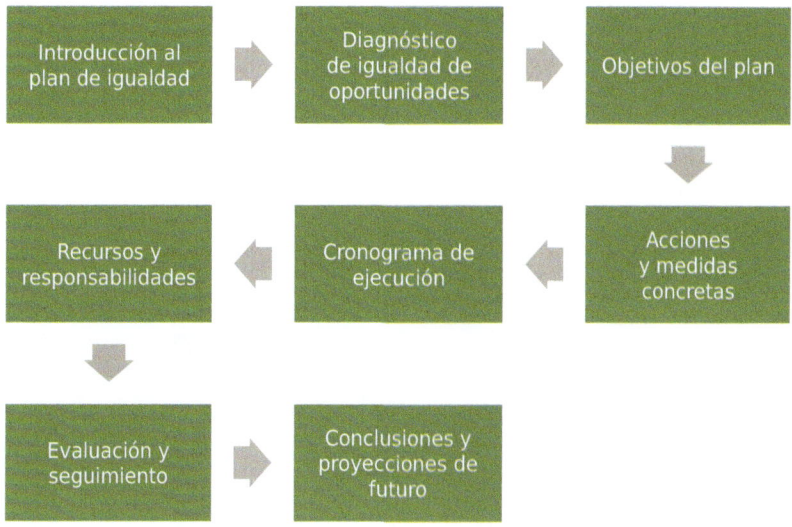

Además, en su elaboración se sigue una metodología científica, en la que, para analizar los datos recopilados y evaluar las actividades correctivas planificadas, se utilizan:

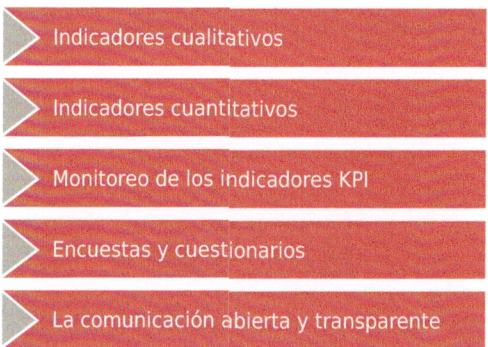

La evaluación continua es clave para garantizar que los planes de igualdad no solo se implementen, sino que se mantengan activos y mejorados de acuerdo con los resultados obtenidos. Este mecanismo de retroalimentación no solo sostiene el progreso, sino que también previene posibles retrocesos, lo cual asegura que la igualdad de género se convierta en un aspecto imborrable del ADN organizacional.

Ejercicios de autoevaluación
Unidad de Aprendizaje 3

1. La implementación de un plan de igualdad es...

    a. ... un imperativo legal.

    b. ... una práctica para potenciar entornos laborales respetuosos, inclusivos y equitativos.

    c. ... un mecanismo para aumentar el bienestar social y la riqueza de las sociedades.

    d. Todas las opciones son correctas.

2. EQUINET es:

    a. Un programa de aprendizaje mutuo sobre igualdad de género de la Unión Europea

    b. La Red Europea de Organismos para la igualdad

    c. La Red Europea de Expertos sobre Igualdad de Género

    d. Todas las opciones son incorrectas.

3. Determina si la siguiente oración es verdadera o falsa: "Uno de los aspectos fundamentales para asegurar el éxito de cualquier plan de igualdad es el nivel de compromiso de una organización".

    ■ Verdadero

    ■ Falso

4. Determina si la siguiente oración es verdadera o falsa: "La Declaración de los Derechos Humanos de 1948 establece en su art. 2 que todas las personas tienen los derechos y libertades recogidas en ella, sin importar aspectos como la raza, el color, el sexo, el idioma, la religión u otras condiciones".

    ■ Verdadero

    ■ Falso

5. La CEDAW, aprobada por la ONU en 1979, subraya la importancia de la igualdad...

    a. De oportunidades
    b. En la remuneración
    c. En las condiciones de trabajo
    d. Todas las opciones son correctas.

6. Entre los objetivos de los planes de igualdad se encuentra:

    a. Eliminar las brechas salariales.
    b. Prevenir y atender el acoso sexual y por razón de género.
    c. Promover el equilibrio vida – trabajo.
    d. Todas las opciones son correctas.

7. Entre las buenas prácticas que facilitan el éxito de los planes de igualdad se encuentra:

    a. La capacitación continua.
    b. El fomento de una participación inclusiva.
    c. Comunicar logros y procesos.
    d. Todas las opciones son correctas.

8. La normativa que regula los planes de igualdad la forman:

    a. La Ley Orgánica 3/2007, de 22 de marzo, para la igualdad efectiva de mujeres y hombres.
    b. El R. D. 901/2020, de 13 de octubre.
    c. El R .D. Legislativo 2/2015, de 23 de octubre.
    d. Todas las opciones son correctas.

9. Determina si la siguiente oración es verdadera o falsa: "Los indicadores de éxito son métricas específicas que proporcionan una forma cuantificable de evaluar el progreso hacia los objetivos establecidos en el plan de igualdad".

    ■ Verdadero
    ■ Falso

10. Los indicadores, según la naturaleza de la variable a medir, se clasifican en:

      a. Cuantitativos y cualitativos.
      b. Eficacia, eficiencia y efectividad.
      c. De proceso, de resultado, de contexto, de impacto.
      d. Todas las opciones son correctas.

Glosario

Acoso sexual
Constituye acoso sexual cualquier comportamiento, verbal o físico, de naturaleza sexual que tenga el propósito o produzca el efecto de atentar contra la dignidad de una persona, en particular cuando se crea un entorno intimidatorio, degradante u ofensivo.

Acoso por razón de sexo
Constituye acoso por razón de sexo cualquier comportamiento realizado en función del sexo de una persona, con el propósito o el efecto de atentar contra su dignidad y de crear un entorno intimidatorio, degradante u ofensivo.

Acciones positivas
Medidas específicas en favor de las mujeres para corregir situaciones patentes de desigualdad de hecho respecto de los hombres. Tales medidas, que serán aplicables en tanto subsistan dichas situaciones, habrán de ser razonables y proporcionadas en relación con el objetivo perseguido en cada caso.

Acciones positivas equiparadoras
Son aquellas que tienen por objetivo compensar a las mujeres por las barreras y obstáculos provocados por la desigualdad por razón de sexo. Entre estas medidas se encuentra el sistema de cuotas, penalizaciones o bonificaciones para la contratación de mujeres.

Acciones positivas promocionales
Son aquellas que tiene por objetivo contrarrestar la imagen negativa que existe sobre las mujeres. Entre las mismas se encuentran los premios e investigaciones destinados a mujeres.

Acciones positivas transformadoras
Son aquellas que persiguen incidir en las estructuras causantes de las desigualdades para eliminarlas: cambiando el sistema educativo, los roles, los estereotipos, las prácticas discriminatorias...

Brecha salarial de género
Describe la disparidad que históricamente ha existido entre el salario promedio de los hombres y el de las mujeres por trabajo de igual valor.

Brecha salarial sin ajustar
Consiste en medir la diferencia entre las retribuciones brutas media de mujeres y hombres sin considerar factores socioeconómicos o puestos de trabajo.

Brecha salarial ajustada
Tiene en cuenta aspectos como la educación, la experiencia laboral, las horas trabajadas o el tipo de trabajo para determinar el salario.

Ceguera de género o neutralidad de género
Consiste en asumir o en creer que la igualdad entre hombres y mujeres se puede conseguir dándoles el mismo tratamiento, sin tener en consideración la evidencia de que las mujeres se encuentran en una situación de discriminación estructural que se refleja en que, en comparación con los hombres, tienen mucho menos poder económico, político, social y simbólico, menos acceso a oportunidades y recursos, y que están expuestas a situaciones de violencia por el solo hecho de ser mujeres.

Cláusulas de igualdad
Conjunto de requisitos, criterios, obligaciones, deberes o compromisos que las Administraciones incluyen en la contratación, la subvención o los convenios públicos. La finalidad es avanzar en la consecución de la igualdad de mujeres y hombres.

Cláusulas sociales
Conjunto de criterios introducidos en los contratos y en las subvenciones para aplicar aspectos de política social.

Comité de empresa
Es un órgano representativo y colegiado del conjunto de las personas trabajadoras que existe en la empresa. Se constituye en empresas o centros de trabajo que tienen más de 50 trabajadores.

Delegado sindical
Constituyen la representación de los trabajadores en empresas o centros de trabajo que tengan más de 10 y menos de 50 trabajadores.

Diálogo social
Es un componente esencial del modelo social europeo que permite a interlocutores sociales (representantes de las empresas y de las personas traba-

jadoras) contribuir, activamente, también mediante acuerdos, a la elaboración de la política social y laboral europea.

Discriminación directa
Se produce cuando la persona es tratada de forma diferente por su sexo.

Discriminación indirecta
Se produce cuando una situación que ocasiona una disposición, criterio o práctica aparentemente neutra pone en desventaja a personas de un sexo con respecto a otro, salvo que puedan justificarse objetivamente por perseguirse una finalidad legítima.

Discriminación por embarazo o maternidad
Constituye discriminación directa por razón de sexo todo trato desfavorable a las mujeres relacionado con el embarazo o la maternidad.

Distintivo empresarial en materia de igualdad
Instrumento que pretende reconocer y estimular la labor de las empresas comprometidas por la igualdad.

Edadismo
Discriminar a las personas por su edad.

Equidad
Tratar de manera diferente en situaciones específicas para alcanzar la igualdad.

Estereotipos de género
Según la Oficina del Alto Comisionado de los Derechos Humanos de las Naciones Unidas, consiste en "una visión generalizada o una idea preconcebida sobre los atributos o las características, o los papeles que poseen o deberían poseer o desempeñar las mujeres y los hombres".

Indemnidad frente a represalias
También se considerará discriminación por razón de sexo cualquier trato adverso o efecto negativo que se produzca en una persona como consecuencia de la presentación por su parte de queja, reclamación, denuncia, demanda o recurso, de cualquier tipo, destinados a impedir su discriminación y a exigir el cumplimiento efectivo del principio de igualdad de trato entre mujeres y hombres.

Indicadores de contexto
Consideran factores externos que pueden influir en el éxito del plan de igualdad, tales como cambios legislativos, transformaciones sociales en la

percepción de la igualdad de género o movimientos significativos dentro de la industria o sector de la organización.

Indicadores de éxito
Son métricas específicas que proporcionan una forma cuantificable de evaluar el progreso hacia los objetivos establecidos en el plan de igualdad. Estos indicadores permiten a las organizaciones determinar si las acciones implementadas están teniendo un impacto positivo en la igualdad de género, si requieren ajustes o si necesitan ser completamente redefinidas.

Indicadores de impacto
Miden aspectos que permiten tomar decisiones sobre el mantenimiento, la modificación o la eliminación del plan de igualdad.

Indicadores de proceso
Conocidos también como indicadores de realización, evalúan cómo se están llevando a cabo las acciones planificadas en el plan de igualdad, por lo que son utilizados para evaluar, por ejemplo, los recursos puestos a disposición del programa o proyecto y al uso que se les ha dado.

Indicadores de resultado
Pueden ser de naturaleza cuantitativa y cualitativa, y miden los resultados que se han conseguido gracias a las acciones del plan. Por ejemplo, pueden incluir la reducción en la brecha salarial de género, el aumento en la representación femenina en puestos de importancia o la disminución en las barreras de promoción para mujeres.

KPI *(Key Performance Indicator)*
Indicador de desempeño. Son métricas que ayudan a determinar el resultado o rentabilidad de determinadas acciones para saber si se están cumpliendo los objetivos marcados inicialmente.

Participación equitativa
Significa que tanto mujeres como hombres tienen la oportunidad y las condiciones necesarias para participar activamente en la negociación colectiva. De acuerdo con la Organización Internacional del Trabajo (OIT), la diversidad en los grupos de negociación contribuye a acuerdos más sólidos, ya que aporta una variedad de perspectivas y experiencias que enriquecen el diálogo.

Planes de igualdad
Son instrumentos estratégicos en los que se concretan las actuaciones para corregir las desigualdades de género detectadas en el ámbito laboral.

Principio de corresponsabilidad en la vida personal, familiar y laboral
Significa que es importante el reparto equitativo de las responsabilidades y tareas del hogar y el cuidado de dependientes entre hombres y mujeres.

Principio de igualdad de trato
Implica que los hombres y las mujeres deben recibir un trato equitativo sin discriminación por razón de sexo.

Principio de igualdad de oportunidades
Significa desplegar estrategias conscientes y planificadas para eliminar las barreras estructurales y culturales que perpetúan la discriminación de género.

Procedimientos de reclamación y amparo
Son procedimientos legales destinados a proteger los derechos de los individuos. En el ámbito laboral, estos procedimientos son la herramienta esencial para asegurar que las políticas de igualdad no solo están en papel, sino que se aplican efectivamente.

Represalias
Acto de discriminación por razón de sexo que es consecuencia de la presentación, por su parte, de queja, reclamación, denuncia, demanda o recurso, de cualquier tipo, destinados a impedir su discriminación y a exigir el cumplimiento efectivo del principio de igualdad de trato entre mujeres y hombres.

Roles de género
Son papeles, funciones, actividades o características que se atribuyen a hombres y mujeres, y que definen el comportamiento que la sociedad espera de cada uno y cada una de ellas.

Sección sindical
Unidad organizativa básica de un sindicato, compuesta por trabajadores de una empresa o centro de trabajo afiliados a un mismo sindicato.

Techo de cristal
Es la barrera invisible resultante de un complejo entramado de estructuras en organizaciones dominadas por varones, que impide que las mujeres accedan a puestos importantes.

Bibliografía

Monografías

→ RAMOS, J.: *Instagram para empresas.* Madrid: XinXii, 2015.

Lectura recomendada para aquellas personas que quieren gestionar su estrategia de *marketing* en *Instagram* como empresa o marca. Aporta muchas herramientas para la gestión diaria de *Instagram.*

→ ROSE, J.: *Marketing en Instagram.* Londres: Babelcube Inc., 2017.

Libro muy interesante para iniciarse en *Instagram.* Muy fácil y rápido de leer.

Legislación

→ Ley Orgánica 3/2007, de 22 de marzo, para la igualdad efectiva de mujeres y hombres (LOIEMH).

Esta ley tiene por objeto hacer efectivo el derecho de igualdad de trato y de oportunidades entre mujeres y hombres, en particular mediante la eliminación de la discriminación de la mujer, sea cual fuere su circunstancia o condición, en cualesquiera de los ámbitos de la vida y, singularmente, en las esferas política, civil, laboral, económica, social y cultural.

Textos electrónicos, bases de datos y programas informáticos

→ CC. OO.: La representación de los trabajadores y trabajadoras en la empresa, de: <https://agua.fsc.ccoo.es/e1eac9751738372b7e2e558ff8dcd0a2000053.pdf>.

Este texto ofrece información sobre la representación sindical en la empresa, sobre la constitución de los órganos de representación en la empresa, el funcionamiento interno de los mismos, los medios instrumentales para el ejercicio de la función representativa y el derecho de información, de asamblea, local de reuniones, tablón de anuncios y de audiencia, consulta, vigilancia y control.

→ Europea, C.: 100 palabras para la igualdad. Glosario de términos relativos a la igualdad entre hombres y mujeres, de: <https://op.europa.eu/es/publication-detail/-/publication/7342d801-86cc-4f59-a71a-2ff7c0e04123>.

    Recoge terminología relacionada con la igualdad.

→ GenderTerm: recursos en línea de la ONU Mujeres sobre el uso de un lenguaje inclusivo al género, de: <https://www.unwomen.org/es/digital-library/genderterm>.

    ONU Mujeres es una organización de la ONU dedicada a promover la igualdad de género y el empoderamiento de las mujeres. ONU Mujeres ayuda a los países miembros de la ONU a establecer normas para lograr la igualdad de género.

→ Igualdad en la empresa, de: <https://www.igualdadenlaempresa.es/home.htm>.

    Es una web del Instituto de las Mujeres que, entre otros aspectos, recoge información de asesoramiento y herramientas para implementar planes de igualdad, fomentar la igualdad retributiva, etc.

→ MUJERES, F., MADRID, E., APARICIO, M. C., MORAGA, N. G., & ÁVILA, M. L. S.: *Módulo de sensibilización y formación continua en igualdad de oportunidades entre mujeres y hombres para personal de la Administración Pública.* Instituto de la Mujer (Ministerio de Igualdad), de: <https://www.inmujeres.gob.es/publicacioneselectronicas/documentacion/Documentos/DE0261.pdf>.

    Recoge información que permite diagnosticar situaciones de discriminación e implementar actuaciones tendentes a eliminarlas.